Ruptura y reparación

El desarrollo de un proceso terapéutico con terapia EMDR

Esly Regina Carvalho, Ph.D.

TraumaClinic
Edições

TraumaClinic Edições

2019

Ruptura y reparación: *El desarrollo de un proceso terapéutico con terapia EMDR*

Serie: *Estrategias Clínicas en la Psicoterapia,* volumen 4

ISBN: 9781941727690

Portada: Claudio Ferreira Da Silva

TraumaClinic
Edições

SEPS 705/905 Ed. Santa Cruz sala 441
70.390-055 Brasília, DF Brasil
www.traumaclinic.com.br
info@traumaclinic.com.br
+55 61 3443 8447

Dedicatoria

A **Vô Jerônymo**, mi abuelo portugués que nació en 1892. Cuando yo tenía quince años, él me enseñó a mecanografiar sin mirar el teclado. Gracias a eso, tengo anotaciones precisas sobre mis pacientes... y recuerdos maravillosos de bolsillos llenos de bombones.

Y también,

Un agradecimiento especial a "Armando", que nos dejó contar su historia.

Índice

Presentación

Muchas personas tienen curiosidad por saber cómo funciona el proceso psicoterapéutico. Algunas son profesionales del área de salud que están involucradas de forma directa o indirecta en el servicio de una población que recurre a ellas en función de una queja emocional: ansiedad, depresión, fobias y miedos, traumas, etc. Aunque se hayan aprendido contenidos importantes en la universidad y en los cursos de especialización, no siempre es posible aprender el día a día del proceso psicoterapéutico.

Las personas sin formación profesional también sienten interés. A veces, por la más pura curiosidad; otras veces, porque están considerando someterse a una psicoterapia, pero tienen cierto recelo de entrar en una experiencia desconocida.

Este libro llevará al lector desde el comienzo hasta el fin de un tratamiento psicoterapéutico con terapia EMDR. Vamos a tomar una historia clínica y acompañar el paso a paso, sesión por sesión, de un tratamiento completo. Nuestro cliente, Armando (no es su nombre real), autorizó la publicación de su historia, de forma que otras personas pudiesen beneficiarse de su experiencia. Resaltaremos los diferentes momentos de "las seis R" del proceso terapéutico: *Revisión, Ruptura, Reprocesamiento, Reparación, Reconciliación y Resolución*.

La terapia EMDR es reconocida no solamente por ser una terapia con resultados concretos, comprobados científicamente, sino también por su forma enfocada de trabajar con objetivos claros y mensurables. Como dice mi amigo Santiago Jácome, de Ecuador: "No se hace más terapia como lo hacíamos antiguamente". Con esta revolución en la terapia llega un verdadero cambio en el paradigma terapéutico, podemos enfocarnos en cuestiones específicas que abruman el paciente, y, al aplicar las ocho fases de la terapia EMDR,

—

5

podemos ver, poco a poco, la resolución de los recuerdos difíciles que antes trababan la conducta del paciente.

Además, no es necesario que el paciente hable extensamente sobre sus situaciones traumáticas, lo que alivia mucho a las personas que tienen vergüenza (o terror) de hablar sobre lo que les pasó. En este sentido, la terapia EMDR protege mucho la intimidad del paciente.

Otro cambio interesante que ha ocurrido en mi práctica clínica es que cada vez más la población masculina recurre a este tipo de terapia. Es una terapia más lógica y linear, y no exige que necesariamente se compartan sentimientos con la terapeuta. Muchos hombres se han sentido más a gusto de entrar en una terapia que tiene comienzo, medio y fin. Un amigo mío me dijo cierta vez: "Yo no creo en los psicólogos, pero recomiendo a la gente ir a su clínica porque veo que la terapia que hace termina, y termina bien."

Por eso decidimos compartir este proceso con los lectores. Agradecemos a Armando, que nos permitió contar su historia. Tenemos la esperanza de que este compartir también pueda llevar a otros de la ruptura a la reparación.

¿Qué es la terapia EMDR?

Tamara se levantó de la mesa, respiró hondo y subió la escalera eléctrica por primera vez en sus 58 años de vida. María Helena llegó al consultorio y contó que logró entrar en el aparato de resonancia magnética con tranquilidad. Rodrigo volvió a manejar su automóvil después del accidente en que murieron sus amigos. Patricia se hizo los exámenes de sangre después de haber perdido el miedo a las agujas. Juan Pedro comentó, acerca del asalto armado a su casa que duró cinco horas y cuyo trauma le impidió trabajar por un año: "Ah, esa es simplemente una historia para contar en un *happy hour*".

Lo que estas personas tienen en común es que se sometieron a una psicoterapia revolucionaria llamada EMDR (*Eye Movement Desensitization and Reprocessing*, desensibilización y reprocesamiento por medio del movimiento ocular) descubierta en los Estados Unidos por la Dra. Francine Shapiro en 1987. Desde entonces, más de cien mil terapeutas han sido capacitados mundialmente en el enfoque que hoy representa un cambio de paradigma en la psicoterapia.

Si entendemos que los traumas y los recuerdos dolorosos se almacenan de forma maladaptada en las redes cerebrales, podemos comenzar a entender cómo la terapia EMDR es capaz de reprocesar los miedos, las fobias, los terrores y las ansiedades vinculados a los recuerdos difíciles, y que mantienen a sus víctimas atrapadas por los fantasmas del pasado. Esto se da a través de la integración de la información que se encuentra separada en los dos hemisferios cerebrales.

De forma acelerada y adaptativa, la terapia EMDR "imita" de cierta manera lo que sucede durante la etapa de sueño de movimiento ocular rápido (REM, *Rapid Eye Movement*) en que el cerebro procesa la información diaria y archiva adaptativamente el pasado.

Por alguna razón que todavía no comprendemos del todo, en determinadas situaciones las personas no logran realizar este procesamiento de forma normal y saludable, lo cual probablemente dé lugar a las pesadillas, los sobresaltos, los pensamientos intrusivos y obsesivos, los ataques de pánico y, en casos más graves, al trastorno de estrés postraumático (TEPT) y sus consecuencias. En casos excepcionales, pueden desarrollarse trastornos disociativos de identidad (TDI), cuando las personas poseen historias de traumas crónicos, repetitivos y constantes, especialmente en la infancia.

Para aplicar EMDR, el psicoterapeuta debe capacitarse por medio de cursos acreditados donde se le enseñará de forma teórica y práctica a manejar el protocolo de ocho fases que estructura el tratamiento. Comenzando con la primera fase, el paciente comparte su historia clínica y el terapeuta identifica los traumas y recuerdos dolorosos del paciente, que serán los objetivos del tratamiento en futuras sesiones. En la segunda fase, se instalan recursos positivos para ayudar al paciente a enfrentar los momentos difíciles dentro y fuera de la sesión, se prueban diferentes movimientos bilaterales (visuales, auditivos y táctiles) y se instruye al paciente en el proceso de EMDR. En la tercera fase, "se abre" el archivo cerebral a ser trabajado a través de los rescates de imagen, las creencias emocionales y las sensaciones vinculadas al evento clave en cuestión.

Asimismo, se toman medidas en dos escalas diferentes. La primera es la escala SUDS (*Subjective Units of Disturbance Scale*), una escala que mide unidades subjetivas de perturbación. Preguntamos al paciente: "En una escala de cero a diez, donde cero es ninguna perturbación y diez es la máxima perturbación que puede imaginar, ¿cuánta perturbación siente ahora cuando piensa en esa experiencia difícil?" Esto nos permite ir acompañando el nivel de resolución (o no) de la experiencia, mientras vamos aplicando los movimientos bilaterales. Esta escala fue inicialmente desarrollada por Joseph Wolpe, quien trabajó durante muchos años con la desensibilización y estableció una forma de evaluar experiencias subjetivas por medios estadísticos.

También se pide al paciente que imagine una situación ideal o de resolución y se le pregunta: "En una escala de uno a siete, donde siete se siente como completamente verdadero y uno es completamente falso, ¿qué tan verdaderas siente que son esas palabras positivas con respecto a usted ahora?" Esta segunda escala fue desarrollada por Francine Shapiro, para que se pudiera medir y acompañar la resolución deseada del problema en cuestión. Es decir que, con estas medidas, Shapiro creó un protocolo que permite el estudio estadístico de su nuevo enfoque, lo que ya ha resultado en la publicación de más de 200 estudios científicos realizados con metodología rigurosa y en una revista dedicada específicamente al estudio de la terapia EMDR (*Journal of EMDR Practice and Research*). Actualmente, la confirmación de la eficacia del EMDR es innegable.

En la cuarta fase, el terapeuta aplica los estímulos bilaterales que darán el "arranque" al cerebro para que pueda desarrollar el reprocesamiento que resultará en la desensibilización de los recuerdos dolorosos.

Una de las cosas que pasa comúnmente en el reprocesamiento es el surgimiento de emociones intensas o abreacciones. Si entendemos que un recuerdo fue archivado con la emoción, la sensación, la imagen y los pensamientos originales de aquella experiencia, no es de sorprender que cuando abrimos este archivo cerebral, surja el recuerdo con todo el impacto emocional de la experiencia original. Esto es normal. Abrimos el archivo y salen todos los elementos que estuvieron viviendo en ese pozo de recuerdos. Cuando esto sucede, no significa que la persona esté volviendo a ser traumatizada, sino que la carga negativa vinculada al recuerdo está siendo liberada, reprocesada y transformada en un contenido adaptativo y funcional. El pasado se está volviendo

—

pasado y dejando de vivir en el presente a través de esa transformación neuroquímica del reprocesamiento.

Por otro lado, debemos tener en consideración que las ab-reacciones excesivas pueden impedir el reprocesamiento. Cada parte o rol traumatizado es una parte congelada y disociada. Cuando nos conectamos con esa parte, se dispara todo lo congelado, guardado y vivido en aquel lugar, en el contenido de aquel rol. Por eso decimos que la vivencia es un estado dependiente. Cuando nos topamos con ese lugar, aparece todo lo que fue vivido y sentido en ese momento. En general, son partes o roles del niño que no tuvo los recursos emocionales para enfrentar lo que estaba sucediendo. Los circuitos quedaron sobrecargados y la disociación fue la defensa que encontró para sobrevivir. Pero si es excesiva la ab-reacción o si la vivencia de la emoción es demasiado intensa, la persona puede volver a disociarse y ahí ya no hay reprocesamiento. El individuo no logra hacer las conexiones cerebrales o neuronales necesarias para reprocesar hasta llegar a una resolución adaptativa porque la emoción es demasiado fuerte y la persona (y su "pandilla interna") se asusta y "huye" (se vuelve a disociar) de nuevo a sus lugares congelados, para "protegerse". A través de la disociación, se regresa a esos lugares internos donde se tiene la ilusión de estar protegido. Pero en esos casos, la estrategia de supervivencia se convierte de nuevo en una prisión de hielo.

Vemos la importancia de tratar esto dentro de un camino de cuidado. Que haya ab-reacción no significa que automáticamente hay procesamiento. Hay ciertos enfoques de psicoterapia que creen en la idea de que cuanto más fuerte la catarsis o ab-reacción, más se está procesando, resolviendo y sanando una dificultad. Esto no es necesariamente cierto. Ab-reacción no es igual a cura. Esto forma parte del paradigma que dice que las personas deben tener ab-reacciones fuertes para sanar. No es así.

En la quinta fase es posible sustituir las creencias negativas y falsas surgidas a partir de aquello que fue vivido, por creencias positivas que llevarán al paciente a encontrar percepciones adaptativas con relación a aquello que había sido archivado de manera maladaptativa y, muchas veces, patológica.

En la sexta fase se determina la existencia (o no) de perturbaciones corporales y la sesión termina en la séptima fase, con instrucciones específicas sobre qué esperar entre sesiones.

En la octava fase el paciente vuelve, se hace una evaluación de los resultados, y se continúa con la evolución del tratamiento: un nuevo objetivo de tratamiento en caso de que el anterior ya haya sido resuelto de manera satisfactoria, o la elaboración más profunda y completa del objetivo inicial.

Para poder procesar con eficacia es necesario sentirnos protegidos y seguros. Gran parte de esa seguridad proviene de la relación terapéutica. Si no confiamos en la persona que nos acompaña en esa peregrinación terapéutica, que a veces contiene pasajes aterradores, no nos entregamos al proceso sanador. Al fin y al cabo, hay toda una pandilla interna en nuestro interior por la que somos responsables y a la que tenemos que proteger. Si cualquiera de las partes internas (alguien de mi pandilla interna) no se siente cómoda, segura y protegida, o se asusta, o no está de acuerdo en seguir adelante, no pasa nada. El reprocesamiento se estanca.

Por eso, siempre enfatizamos que lo que cura... es el amor. Tal vez suena extraño hablar de esto en un libro sobre psicoterapia, pero es el amor, el afecto, lo que les da seguridad a las personas para buscar la valentía de embarcarse en el navío de la sanidad y soportar el viaje hasta el final. Es la seguridad de la aceptación incondicional del paciente por parte del terapeuta la que anima a las personas a hacer ese viaje hacia adentro de sí mismas y visitar a los miembros de la pandilla interna. Conocer la pandilla herida por los traumas de la infancia permite que sean curadas por las nuevas herramientas psicoterapéuticas, pero sin amor, nadie encuentra la valentía para el viaje.

¿Qué es lo que hace que la terapia EMDR sea percibida como un cambio de paradigma? Primero, no es necesario hablar para sanar. Durante 120 años se nos enseñó que el paciente debía conversar y hablar sobre sus dificultades como una forma de "desahogar" sus penas y que esto iba a ayudarle a resolver sus dificultades (es el *"talking cure"* que describía Breuer). Pero con el EMDR, el hablar puede ser mínimo durante el período de reprocesamiento cerebral, lo que permite que el paciente pueda trabajar sus recuerdos en privado. Teniendo en cuenta que muchos traumas son de carácter sexual o de humillación, el hecho de no tener que entrar en detalles gráficos muchas veces permite que el paciente enfrente el recuerdo sin tanta vergüenza.

Segundo, la resolución de la dificultad se da por la integración de la información neuronal inicialmente disociada en los hemisferios cerebrales. Es común que el recuerdo doloroso esté archivado en el hemisferio derecho y sabemos que el habla (área de Broca), que permite la atribución de sentido al evento, está en el hemisferio izquierdo. Los recuerdos están desvinculados de aquello que permitiría al paciente describir en palabras lo que sucedió ("no tengo palabras para explicar lo que me sucedió" es un discurso común entre personas traumatizadas, porque literalmente no las tienen). O los recuerdos están desvinculados del sistema límbico y el paciente vive en un eterno estado de ansiedad y peligro sin saber por qué y sin poder explicar a su cerebro que el peligro pasó. (Esto se constata a través de tomografías cerebrales sofisticadas tales como neuroimágenes PET, SPECT o resonancias magnéticas funcionales, fMRI.) El EMDR integra esas informaciones y permite que se pueda atribuir sentido a lo ocurrido y calmar el sistema límbico atorado.

Una de las mejores cosas que oímos de nuestros pacientes al terminar el reprocesamiento es…

- Terminó. Ahora está distante. Está en el pasado.

Y cuando vuelven en las sesiones siguientes dicen así:

- Lo recuerdo, pero ya no me molesta.
- Ya no lo recuerdo como lo recordaba antes.
- Quedó borroso. Perdí la nitidez del recuerdo.
- ¿Es normal sentir tanto alivio en tan poco tiempo?
- A veces me dicen o me hacen cosas que antes me resultaban molestas y ya no me importa. Ya no es tan importante como antes.
- ¡Estoy durmiendo bien por primera vez en años...!
- No pensé más en ese asunto. Ni me vino a la mente.
- Es tan graciosa esta cosa del EMDR… es como que nunca existió aquella experiencia. Parece que el EMDR lo pone en un lugar donde nunca existió el problema. Es como si antes yo veía un cuarto todo abarrotado y ahora no hay nada de eso. ¡Está todo organizado y ni me imagino cómo era con todo el abarrotamiento...!
- ¡Este EMDR es mágico...!

Revisión

Todo tratamiento empieza con una queja. Algo pasa que dispara la necesidad de buscar ayuda. No siempre las personas van a terapia muriéndose de ganas de hacerla; van porque la opción de no buscar ayuda es peor.

A continuación, relatamos la historia clínica de Armando y las razones por las cuales vino a terapia. El mismo Armando nos va a contar su historia. Es importante levantar la historia de los pacientes de la forma más completa posible. No buscamos apenas un disparador inicial que les lleva a buscar ayuda, sino la "historia de su vida", porque es ahí donde se suelen encontrar los secretos de la eventual resolución terapéutica.

A veces, a los pacientes les parece raro que se les esté preguntando sobre su infancia, su familia de origen, las dificultades, los recuerdos dolorosos, los accidentes, las enfermedades y cirugías por las cuales han pasado, pero es en esas rupturas que vive el peligro del bloqueo actual. Los recuerdos de antaño que no fueron bien reprocesados empastan el camino actual de una forma a veces misteriosa — y obvia, una vez hecha la conexión—.

También es en la historia que vamos a ver dónde ocurrieron las rupturas que van a volverse los objetivos del reprocesamiento. La primera sesión es esencial para empezar a estructurar un buen plan de tratamiento.

Vale hacer la observación (cruelmente honesta) de que pocos de nosotros, profesionales del área de la psicoterapia en Brasil, aprendimos a desarrollar un plan de terapia. Lamentablemente, esto normalmente no se enseña de forma lógica y alcanzable en nuestras universidades. Recuerdo el terror que sentía cuando el paciente me preguntaba: "Doctora, ¿cuánto tiempo va a pasar antes de que me sienta bien?" y yo no tenía la respuesta. Yo no tenía *idea* de cómo contestarle. La respuesta típica era decir que, como había llevado mucho tiempo llegar al estado en que se encontraba, también llevaría (mucho) tiempo resolver sus cuestiones. Porque era así.

¿Plan de terapia? El psicólogo era conocido como alguien que trabajaba mucho con la "intuición". A pesar de que yo (aún) creo profundamente en la intuición, no es lo que estructura un plan de tratamiento ni justifica la continuación de un proceso terapéutico sin resultados concretos. Peor actuaban los colegas que (inconscientemente) mantenían los pacientes sin darles el alta por temor a no lograr suficiente cantidad de nuevos pacientes para cubrir el presupuesto familiar si los pacientes actuales terminaran la terapia.

Hoy, trabajo de una forma muy distinta. Hay plan de tratamiento. Hay objetivos claros a ser alcanzados. Hay mediciones que ayudan a decidir el momento del alta. La frecuencia del recambio (*turnover*) en la agenda es alta: los pacientes resuelven sus cuestiones y se van. Al principio, cuando empecé a trabajar con ganas en la terapia EMDR, me causaba cierta preocupación ver disminuir el número de pacientes, ya que sanaban tan rápidamente en comparación con lo que sucedía en terapias anteriores. Pero no pasó demasiado tiempo antes de que el consultorio desarrollase una lista de espera, porque los pacientes dados de alta comentaban con amigos, colegas y familiares acerca de una terapia que "realmente funciona" y que tiene comienzo, medio y fin.

Otro elemento interesante es que el perfil del paciente que nos busca ha cambiado. Antes, el 90% de los pacientes eran mujeres; hoy llega a ser del 50% la carga masculina. No tengo datos concretos para explicar eso, pero quizás sea porque la terapia EMDR no exige "discutir la relación". No es necesario contar detalles íntimos ni compartir emociones. Hay medición. Es lógica. Y saben de los resultados, por los comentarios de otros hombres...

En esta *Revisión* usted va a conocer a nuestro paciente, Armando, a quien vamos a dedicar el resto de estas páginas. Vamos a recorrer juntos el camino terapéutico que él recorrió. De vez en cuando, voy a interrumpir para hacer algún comentario sobre lo que estaba pasando en la sesión o señalar algo respecto del proceso. Pero mayormente, prefiero dejar que él mismo cuente su historia.

Primera sesión: La historia de Armando

Siempre fui tímido y tuve que aprender a superarlo. Tengo un cargo ejecutivo en un órgano público donde frecuentemente tengo que hablar ante una audiencia desconocida. Esto es complicado para mí. Viene de la dificultad que tengo para decir lo que corresponde, y usar las palabras más inteligentes. Hablarles a personas desconocidas es difícil. No sé si viene de experiencias de mi pasado: quizás una fobia de hablar. Siempre sentía que tenía que decirlo todo a la perfección.

Ayer estaba en un foro, con algunos abogados y jueces. Cuando se trata de un grupo pequeño me va bien, pero si se amplía el grupo... entonces me viene el miedo de que no me salga la voz; siento una opresión y se me traba el habla. Viene el miedo de que me pase eso en aquel ambiente... Suele pasar que finalmente no diga nada, a pesar de dominar el tema. Quiero hablar y no lo logro. Ayer no hablé.

Terapeuta: ¿Recuerdas cuándo comenzó esto?

Armando: Recuerdo escenas en el jardín de infantes, sentado en la rueda de la merienda. No recuerdo el momento exacto. La timidez y una ansiedad exacerbada son parte de mi personalidad. Mi padre se suicidó cuando yo era adolescente. Era un verdadero padre héroe, pero era alcohólico. A menudo tenía que acostar a mi padre a la noche, porque yo era el hermano mayor. Mi padre era violento con mi madre. Tenía problemas psiquiátricos. Un día, se disparó un tiro en la cabeza. No lo vi, pero fue cerca a mi casa en una plaza. Fueron personas desconocidas las que lo encontraron. La criada de muchos años fue la primera en enterarse. Cuando él salió de casa, fui la última persona con quien habló. Salió con una bolsa. Estaba de permiso en el trabajo, por eso estaba en casa. Dijo solamente: "Voy a dar una caminata rápida por la plaza".

El domingo él no bebía porque tenía que volver al trabajo el lunes. Solo bebía los fines de semana. Abrí el escritorio, y encontré una nota escrita por él: "Cuida bien de los niños". Pensé que simplemente se había ido de casa.

Me estaba preparando para entrar en un colegio militar. Fui a estudiar en un internado durante tres años. Estar lejos de casa en aquel entonces fue difícil. Mi padre, borracho los fines de semana como de costumbre, me decía que cuando él faltase, yo tendría que cuidar de la familia. Yo siempre traté de hacer lo correcto; fue difícil, pero me mantuve lejos del hogar [después de su muerte].

Lo que me hizo más fácil la decisión fue que me iba muy bien en la escuela. Era bueno en los estudios y en los deportes, y tenía notas excepcionales. Mi padre había ido al colegio naval e influyó en mí para que fuera a la escuela militar. Ya había decidido esto antes de que él muriera. Pasé bien el examen de ingreso y fui a otra ciudad a estudiar. Creía que estaba desperdiciando mi juventud allá adentro de aquel colegio. Serían siete años de preparación para llegar a ser oficial militar. Entonces, desistí. Volví e ingresé a la facultad. Conocí a mi futura esposa en una ciudad cerca de donde estudiaba en este entonces. Más tarde, nos mudamos acá, cuando aún trabajaba en la iniciativa privada. Aprobé un concurso público. Pensé en volver a la facultad y profundizar los estudios, pero acabé ingresando al área de la política. Me gusta el mundo político.

T: Cuéntame un poco de tu familia de origen.

A: Soy el mayor de cinco hermanos. Otra pequeña tragedia... unos años atrás una de mis hermanas murió de cáncer. Yo fui un donante, en la tentativa de salvar su vida. Dos años después del trasplante, ella murió. Partió con 35 años, dejando tres hijos pequeños. La pérdida de mi hermana fue muy dolorosa.

Mi madre es una verdadera guerrera. La llamo por teléfono para saludarla en el Día del Padre. Ella nunca había pagado una cuenta en su vida [antes de morir el esposo]. Era maestra y mi padre se encargaba de todo. Realmente tuvo que luchar cuando él murió. Dos años después de que mi padre falleciera, ella conoció otro hombre y pasó veinte años con él, hasta que él murió. Era muy respetuoso. Tuve un poco de celos por un tiempo, pero pensándolo bien, el hombre fue excepcional. Era muy bueno con mi madre.

Ya hace mucho tiempo que me fui de casa. Conocí a la chica que llegaría a ser mi esposa cuando yo era muy joven. Años más tarde, nos volvimos a encontrar. No tenemos hijos todavía, ¡pero pensamos tener una media docena! Sé que es mucha responsabilidad.

Mi madre y mi cuñado (esposo de la hermana que falleció) siempre tuvieron divergencias. Algunos años antes de la muerte de mi hermana, ellos fueron a vivir con ella, pues necesitaban más apoyo. Mi cuñado tiene familiares en otro estado y le ofrecieron una oportunidad de trabajo. Un año después del fallecimiento de mi hermana, él fue para allá. Eso fue muy duro para mi madre, de hecho, para todos nosotros. Los niños aún eran pequeños. Hoy en día, todavía vienen a pasar las vacaciones con la abuela.

T: ¿Cuáles son tus metas para la terapia? ¿Qué te gustaría resolver?

A: Quisiera ser más relajado; menos preocupado para manejarme ante grupos de gente desconocida. También

---

19

librarme de esta fobia; no he tenido ataques de pánico hace mucho tiempo porque la medicina los controla bien.

Cuando bebía, mi padre golpeaba a mi madre; se volvía otra persona. Hubo una vez en que llegué tarde. Practicaba deporte de alta performance y nos quedamos atascados en el tránsito. Estaba armado con un palo, listo para golpearla. Esas peleas me molestaban mucho. Los fines de semana no eran buenos. Cuando él pasaba el día sábado durmiendo, era un alivio excepcional. Hubo una vez en que mi madre dijo que se iba a ir de casa, pero yo le dije que me iba a quedar con mi padre; ella desistió. Yo tenía unos diez u once años. No teníamos dificultades financieras porque mi padre era empleado de una empresa estatal que pagaba bien. El departamento quedó pago cuando él murió y mi madre obtuvo una pensión.

Cuando quise dejar el internado después de la muerte de mi padre, mi mamá hubiera tenido que firmar la autorización para mi salida, pero no lo hizo. Fue una actitud sensata de su parte. Después de eso fui a la universidad. En los primeros años, comencé con síndrome de pánico. En este entonces, no había mucha información al respecto. De repente, de la nada, sentí que *tenía* que volver a casa. Durante un tiempo, esto trabó mi vida. Mi madre estaba muy preocupada. La psicoterapia no me ayudó mucho. Con la medicación me fue mejor: un antidepresivo y un ansiolítico. Eso realmente me salvó. No podía ni siquiera salir de mi casa, ni viajar por carretera por miedo de pasarla mal; no podía viajar en avión. Después de un tiempo, logré dejar las medicinas. Hoy en general no las tomo, pero cuando me angustio, las tomo otra vez. Cuando fui a trabajar en ese nuevo departamento público, me puse tan ansioso que acabé tomando remedios casi todos los días.

Como le dije anteriormente, tenía mucha timidez en la escuela. Era retraído, introspectivo. Tenía amigos, un círculo pequeño. Recuerdo que una vez montaron una obra de teatro en la escuela. ¡Yo no tengo perfil de actor para nada! En la obra, la maestra me asignó el rol de uno de los pájaros, porque yo era el mejor alumno. Lo hice sin ningún problema. La dificultad para mí era hablar en frente de la clase. En la escuela militar y al final de la secundaria, acabé siendo muy popular.

Hace diez años me volví cristiano evangélico. Mi madre tomó el camino del catolicismo carismático.

Yo era bueno en los deportes, desde niño; quizás por eso demostraba cierta prepotencia, una cierta arrogancia. Quizás eso explique por qué me importa tanto lo que la gente piense de mí. Creo que las personas me están evaluando todo el tiempo. Es importante para mí tener esa aceptación, que me digan que yo soy *el hombre*. Inteligente. Eso me causa dificultades. El cuerpo lo siente y se me traba la garganta. Tengo miedo de que me falte el aire y no pueda terminar de hablar.

Mi padre nos evaluaba mucho; era rígido, exigente. Mi madre también era exigente y creo que por eso yo no causaba dificultades, de niño. Aun así, mi padre me exigía buena conducta. Él fue mi punto de referencia en cuestiones de integridad. Por un lado, la muerte de él, de cierta forma, fue un alivio para mí, aunque tuve mucho dolor y miedo. Por otro lado, él me hizo falta. Por ejemplo, no tenía quien me enseñase a manejar.

Pero actualmente, mi esposa y yo llevamos más de cinco años de casados y vivimos una vida de enamorados.

La terapeuta estructuró el plan de tratamiento inicial junto con el paciente, con determinados objetivos de terapia. A medida que la terapeuta fue comentando los objetivos, el paciente intercaló algunos comentarios adicionales.

T: Creo que sería importante trabajar las siguientes situaciones, Armando.

1. Las personas que crecieron en hogares alcohólicos tuvieron que manejar la imprevisibilidad con respecto a cuál sería el estado de la persona alcohólica: si llegaría a casa sobria o alcoholizada. Entonces, el niño acaba creando una antena especial para este fin. La inclinación es a desarrollar cierto nivel de ansiedad en función del hecho de que uno nunca sabe lo que realmente va a pasar. Esa falta de previsibilidad impide también la rutina, algo muy importante en la vida del niño y del adolescente. El poder tener expectativas claras que serán cumplidas trae estabilidad y seguridad. Eso suele faltar en el hogar donde una de las personas es alcohólica o posee otro tipo de adicción.

2. Nadie pasa ileso por una experiencia de suicidio. Si hay algo que realmente marca una persona es eso. Entonces seguramente vamos a trabajar esa experiencia, aún más cuando fuiste la última persona de la familia que vio a tu padre vivo. Y fuiste quien encontró la nota.

3. La muerte siempre es algo difícil. Perder una hermana tan joven es muy duro. Perderla en esas circunstancias fue aún más complicado, ya que usted literalmente dio su sangre (trasplante) para que ella viviese.

A: Así es. Fui el donante. Cuando el cáncer volvió, la médula no funcionó más y ella murió. Yo siempre fui un hermano muy molesto con ella. De más grandes, llegamos a ser buenos amigos y siento que perdí esa oportunidad. Me da resentimiento, pero creo que lo estoy manejando bien.

T: Entonces vamos a controlarlo durante nuestro proceso.

4. También dijiste que sientes que tienes que ser perfecto. Este grado de autoexigencia no es solo problemático, sino que

aporta también a las crisis de ansiedad y pánico, porque la persona no se permite errar. Eso puede ser parte del problema de la ansiedad de desempeño que traes a terapia.

5. Y claro, esa fobia, que fue la razón principal que te trajo a la terapia.

A: Sí, esa fobia... Recuerdo cuando estaba en la facultad, el pánico. Fui con unos amigos al *night-club* y tuve que volver a casa. Situaciones como esas me pasaban con frecuencia. Salía solo, pero por cualquier cosilla en algún lugar, me iba. En el camino a casa ya me sentía bien. Bastaba con salir de la situación.

T: Entonces esa es la propuesta de la terapia y el plan de tratamiento. Si quieres seguir adelante, la semana que viene comenzamos.

A: De acuerdo.

Objetivos y plan de tratamiento: comentarios

Vea cómo fue posible indagar con bastante detalle la historia de la vida de Armando en el transcurrir de una hora. El plan de tratamiento inicial —que siempre es pasible de ajustes y afinación— poseía cinco objetivos claros. Si fuésemos a proponer un cronograma de tratamiento, diría que serían necesarias entre cinco y ocho sesiones para cada objetivo, sabiendo que para algunos quizá serían necesarias menos sesiones (la muerte de la hermana), y para otros objetivos más complejos (el hogar alcohólico) serían necesarias más. Aun entendiendo que la muerte de la hermana tenía una gran intensidad en términos emocionales, no traía la complejidad de relación que trae convivir en un hogar alcohólico. La piedra de toque de la duración de la terapia tiene más que ver con la *complejidad* de los temas que con la *intensidad*. A pesar de que

—

Armando creía que la muerte de la hermana era un asunto bastante resuelto, siempre es importante confirmar.

El suicidio del padre era tema innegociable en términos de tratamiento. Vamos a ver en el desarrollo de este proceso terapéutico que sería importante volver a esa experiencia trágica que de hecho atravesó la vida de Armando en su juventud.

El disparador que trajo a Armando a terapia fue la fobia de hablar en público, pero, sabiendo que esas crisis de ansiedad suelen tener un pie en el pasado, trabajar estos otros objetivos de la juventud sería esencial para dirimir las limitaciones actuales de Armando, así como para ayudarle a desarrollar formas más adaptativas para desempeñarse en público. La ansiedad es un elemento que mata el desempeño en cualquier área. Es la sensación de estar en peligro, un frío en la barriga, a veces sin aparente explicación. Armando necesitaría resolver eso para poder desempeñarse bien.

El proceso terapéutico

Todo buen proceso terapéutico posee tres momentos: diagnóstico, terapéutica y aprendizaje.

Diagnóstico

Fui formada en el tiempo en el que había caído en desuso el dar diagnósticos. Aprendimos que eso era "etiquetar" al paciente, algo obviamente imperdonable. Era el tiempo de Carl Rogers y el humanismo, de B. F. Skinner y el behaviorismo, y del imperante psicoanálisis que infiltraba la forma de todos de hacer terapia. La psicopatología que estudiábamos dividía las personas en "normales", neuróticas y psicóticas. Las categorías de enfermedades más comunes se focalizaban en discernir si la persona era histérica o psicopática, fóbica u obsesiva, y así sucesivamente, algo que en términos prácticos solía ser de total y absoluta inutilidad. Mi impresión era que esas categorías de diagnósticos parecían no ser tan importantes, porque nadie sabía lo que realmente tenía que pasar para que la persona sanase. Al menos para mí, era un gran misterio. Esto teniendo en consideración que yo era una alumna ejemplar: había aprobado exámenes súper difíciles para entrar a la universidad; mi calificación me habría permitido entrar hasta en la escuela de medicina en la universidad federal de haberlo querido (pero solo me gusta la sangre emocional; me desmayo ante la real). Estudiaba todo cuanto me enseñaban y aun buscaba leer libros adicionales porque amaba (amo) mi carrera. Pero navegar la psicoterapia y la psicopatología era un desafío.

Quizás lo que me encantó del psicodrama, incluso antes de formarme como psicóloga, era que representaba una forma de terapia que tenía, sí, un comienzo, medio y fin. Tenía una historia, y yo *amo* las historias. Había una crisis que debía ser resuelta, una solución que debía ser alcanzada. Todas las sesiones eran nuevas y diferentes. La terapia de grupo era mejor que una novela: ¡tenía un capítulo nuevo cada semana! Me especialicé en psicodrama y con el tiempo logré —con distinción— uno de los títulos internacionales más respetados en ese abordaje: *Trainer, Educator, Practitioner (TEP)*, otorgado por el *American Board of Examiners in Psychodrama, Sociometry and Group Psychotherapy*, haciendo pruebas prácticas y teóricas difíciles a fin de ejercer y enseñar psicodrama en los Estados Unidos. Pero aun así, el diagnóstico y el plan de tratamiento continuaban siendo un desafío para mi mortal comprensión.

En el transcurrir de la carrera, especialmente en los años en los que viví en Estados Unidos, descubrí una realidad muy diferente con relación a los diagnósticos. Darle nombre al problema era importante, hasta para saber si uno iría a tratar la persona de una forma o de otra. Leí cierta vez que "si uno no sabe para dónde va, cualquier camino sirve". Muchas veces sentía, cuando estudiante, que cualquier camino podría servir, ya que a uno no se le enseñaba a saber cuál debía ser el destino final de la jornada con el paciente. La primera vez que un director clínico en los Estados Unidos me preguntó cuál sería mi plan de tratamiento para el paciente en la clínica, me quedé pasmada, atónita. ¿Qué sería lo que debía escribir en el papel para poder responder la pregunta del jefe? Y fue ahí que comenzó el aprendizaje acerca de la importancia de los diagnósticos y los planes de tratamiento.

Hoy se utilizan manuales de diagnósticos que nos ayudan a evaluar a nuestros pacientes de una forma más precisa y funcional. La psicoterapia está más relacionada con la medicina que con la filosofía. Sigo creyendo que un paciente no debe ser apenas una etiqueta diagnóstica. Sin embargo, identificar lo que la persona tiene ayuda mucho a orientar el tratamiento. Por lo tanto, para cualquier buen tratamiento es necesario saber el diagnóstico, aunque este sea provisorio y pasible de cambio o confirmación más adelante. Un problema bien definido ya está en camino de ser resuelto.

Terapéutica

El segundo aspecto de la psicoterapia es la terapéutica. De alguna manera, esta comienza incluso en la primera sesión, cuando se toma la historia clínica. Un paciente debe sentir seguridad con la forma en la que el terapeuta indaga sobre su vida y propone un plan de tratamiento. Esta fase del tratamiento es mucho más que simplemente hacer que el paciente se sienta mejor. Queremos ver la resolución realista de las dificultades que le traen a la terapia.

Mi amiga y colega Ana Gómez suele decir que hay tres tipos de razones por las que los pacientes vienen a terapia. Hay los que quieren "arreglar lo que está sobre la mesa". Esas personas tienen *un* problema claro, bien definido, que les está molestando mucho; por ejemplo, el miedo de viajar en avión. Quizás tuvieron alguna experiencia difícil en un vuelo y desde entonces, quedaron con temor de volar. A veces, el miedo llega a impedirles hacer cosas que son importantes para ellas. Poseen un recuerdo claro de cuándo empezaron a sufrir determinada dificultad. Quieren simplemente resolver este problema, al menos inicialmente. (Es común que los pacientes se maravillen con la terapia EMDR y decidan seguir tratando otras dificultades, pero en principio, vienen con un solo problema y quieren una solución relativamente rápida.) Tratándolos con la terapia EMDR, es probable que de cinco a ocho sesiones sean suficientes para resolver el miedo de viajar en avión. Si no surgen dificultades complejas inesperadas, una fobia con un punto de inicio claro se puede solucionar rápidamente. Una vez resuelta la cuestión que le trajo a la terapia, la persona se despide. A veces vuelve, en el caso de que surja otra dificultad específica.

Aquí vale hacer algunas observaciones. Uno de los aspectos interesantes de trabajar con terapia EMDR, como hemos dicho, es el alto grado de rotación de los pacientes. Como es frecuente tener pacientes que solamente quieren resolver un problema y que dejan la terapia una vez que lo tienen resuelto, es común tener un constante recambio de pacientes, en contraposición a lo que ocurre con otros abordajes, donde el tratamiento se caracteriza por ser largo y constante. En el comienzo de mi práctica con terapia EMDR, me daba cierto frío en la barriga ver la cantidad de pacientes que se iban en plazos cortos de tiempo. Pero no tardé en percibir que estos pacientes terminaban la terapia en poco tiempo, pero comentaban con sus amigos, familiares y conocidos sobre la eficacia del tratamiento. Esto hacía que nuevos pacientes llamasen para hacer una consulta. Llegó un punto que tenía lista de espera; y la fila andaba porque los pacientes nuevos también entraban en terapia, resolvían sus cuestiones y dejaban espacio para los próximos. Esta se volvió una característica interesante de muchas prácticas clínicas de terapeutas EMDR. El alto grado de rotación pasó a ser una señal del éxito del tratamiento.

Hay personas que se preguntan si realmente fueron resueltos los problemas de los pacientes, ya que a veces vuelven a la terapia. La verdad es que el problema original que les trajo a la terapia suele estar resuelto, pero como surgen otras cuestiones, los pacientes vuelven sabiendo que esta terapia es eficaz para resolver sus dificultades. Hay pacientes que vuelven, pero nunca por el mismo motivo. Yo, personalmente, nunca vi una recaída. Cuando logran resolver la cuestión que les trajo a la terapia, la resolución suele ser definitiva. Uno de los aspectos científicos de la terapia EMDR es la transformación neuroquímica de los recuerdos difíciles, que permite esta resolución definitiva.

Ana Gómez dice que otras personas vienen para la terapia porque necesitan "arreglar un cuarto". Es como si la personalidad fuese una casa, y un aspecto o un "cuarto" necesita ser resuelto. No se trata apenas de una cuestión puntual, como una fobia a las agujas. Hay todo un aspecto de la personalidad que necesita ser arreglado.

Por ejemplo, viene una chica, profesional, que tiene un puesto de trabajo importante. Ya compró su propio departamento, tiene amigas y le gusta viajar. Pero se queja: "¡Tengo muy mal ojo a la hora de escoger enamorado!" Entonces ella necesita arreglar todo este aspecto romántico de su vida. Va a ser necesario entender cómo era su relación con sus padres, la historia de romances y enamorados, qué tipo de hombres complicados está eligiendo inconscientemente y por qué se siente atraída a relaciones que no tienen futuro. Esto es lo que significa arreglar un cuarto y va a llevar probablemente de seis a doce meses entender todo, arreglarlo, deconstruirlo y aprender a amar hombres saludables.

Ana Gómez comenta que también hay personas que necesitan arreglar "todo la casa". Son personas cuya vida está bastante desorganizada. Muchas áreas de su vida no están funcionando. Necesitan realmente hacer un arreglo general. Para esas personas, la terapia puede durar de uno a dos años, porque incluye cuestiones más complejas.

Finalmente, hay personas que vienen con diagnósticos más graves y, por lo tanto, la terapia tiene que ser llevada de forma más lenta y cuidadosa. Sabemos que, cuanto más complejo el diagnóstico, más cuidado será necesario para no desestabilizar la personalidad de la persona. Son casos donde hay riesgos de disociación y pérdida de la conciencia presente durante el reprocesamiento. Solamente los terapeutas EMDR especializados en trauma complejo y trastornos disociativos deben cuidar de estas personas.

Aprendizaje

En la medida en que las dificultades de manejar los problemas se van resolviendo, es necesario encontrar nuevas formas de comportamiento. A veces, la resolución de las dificultades, de los traumas y de los recuerdos dolorosos hace que, espontáneamente, la conducta cambie. Es una de las cosas interesantes (y bellas) de la terapia EMDR: cuando vemos a los pacientes haciendo cosas que les era imposible hace poco tiempo. Más sorprendente es cuando no se dan cuenta de que se han producido esos cambios hasta que les señalamos la nueva conducta, actitud o expresión. La resolución del trauma muchas veces permite el rescate inconsciente de aquello que es bueno, de lo que funciona, y la persona empieza a vivir en una nueva dimensión de funcionalidad.

Por otro lado, como la terapia EMDR no es magia, existe la necesidad de invertir en el aprendizaje de nuevas conductas. La terapia puede liberar a la persona al punto que pierda el miedo de hacer cuentas matemáticas, pero no le enseña las cuatro operaciones; puede curar el miedo de presentarse en público, pero siguen siendo necesarias las clases de piano con una maestra especializada. También hay conductas sociales que necesitan ser aprendidas, para que las relaciones puedan fluir mejor. La terapia EMDR puede ayudar a desbloquear ciertas dificultades y liberar el alma de la persona, pero la conducta deseada tiene que ser aprendida.

Un movimiento interesante que pasa en el transcurrir de la terapia es que inicialmente la tendencia es a trabajar los recuerdos del pasado que están empantanando la vida actual. Al comienzo, la terapéutica dedica un mayor espacio a las experiencias de la infancia y la adolescencia, ya que tantas cosas necesitan ser sanadas. Pero en la medida en que se van resolviendo, el cliente empieza a trabajar más y más su presente y su futuro deseado. Una de las señales de que el alta está llegando es justamente que la persona está cada vez más empeñada en resolver y aprender cosas presentes y futuras. La terapéutica y el aprendizaje suelen tener una relación inversa: cuando el cliente está en la etapa terapéutica hay poco aprendizaje, porque mientras no limpie el pasado, no hay lugar para lo nuevo. En la medida en que el pasado se resuelve, el aprendizaje ocupa cada vez más el proceso terapéutico.

Volvamos a la historia de Armando, donde veremos la ilustración de todo este proceso.

Ruptura

Segunda sesión (una semana más tarde):

Armando llegó a la sesión e intercambiamos saludos. Él ya había recibido las explicaciones generales sobre la terapia EMDR en su carpeta de entrada a la clínica y durante la primera entrevista, ya que así se maneja la TraumaClinic.

En esa sesión, empezamos a estructurar el primer objetivo para ser tratado con movimientos oculares. Intencionalmente, dejé para la fase 5 la identificación de la Creencia Positiva, después de que la Creencia Negativa hubiese sido desensibilizada. Resultaba difícil de lograr en la estructuración del protocolo inicial.

Terapeuta: Me gusta comenzar el trabajo de tratar los recuerdos difíciles comenzando con los más antiguos. De esas cosas que comentaste en la sesión pasada... ¿por dónde podríamos comenzar? ¿Cuál podría ser nuestro primer objetivo? ¿Cuál es el recuerdo difícil más antiguo que te molesta?

Armando: Hasta los once años vivimos en un sitio y después nos mudamos a otro. En nuestra casa había un bar, y los fines de semana, bueno... Recuerdo escenas de mucho griterío y confusión a causa de que mi padre bebía en exceso. Antes de los diez años no tengo muchos recuerdos. Mi padre cenaba siempre el día sábado en el mismo lugar y volvía tomado. Por eso había mucho griterío en casa cuando él llegaba.

Hubo también muchas de estas situaciones después de los once años. No logro identificar el motivo de las peleas de mi padre con mi madre. Pero muchas veces yo terminaba parándome delante de mi madre porque él amenazaba con bofetearla.

31

Una vez la situación se puso realmente grave. Mi madre hasta llamó a mi abuela paterna porque mi padre estaba completamente fuera de sí. Fue una enorme confusión. Eso me marcó.

Hubo otra vez... Yo practicaba mucho deporte y había una competencia en la capital, en un club. Nos demoramos en regresar porque hubo una tormenta muy fuerte. Vivíamos en un barrio muy distante y llegamos a casa tarde. Mi padre nos estaba esperando con un palo en la mano.

Mi madre dijo, simplemente: *"Marido, los vecinos están mirando."*

Los domingos no bebía. Tenía que recuperarse de la resaca. Llegábamos a casa y teníamos que hablar bajito. También recuerdo los sábados al atardecer... yo, viendo la televisión con una criada, y la sensación de que él volvería con la borrachera. Era una enorme ansiedad: *Va a volver y va a pasar algo.* Me daba mucha ansiedad. También recuerdo las escenas de llevarlo a la cama borracho. Hice eso varias veces.

Una vez, mi madre dijo que se iba de casa. Agarró los otros dos hijos para irse, pero yo le dije que no me iba. Ella, por eso, no se fue. Yo le tenía lástima a mi padre.

T: Entonces, de esas escenas que mencionaste, ¿con cuál podemos comenzar? ¿De esas escenas más antiguas?

A: Creo que la escena de mi padre en el ascensor con el palo, esperando que llegásemos. Recuerdo la entrada del edificio. Llegamos y entramos, llamamos el ascensor ¡y él estaba allá adentro con el brazo levantado! El portero estaba atónito, sin saber qué hacer. Al final, todos entramos en el ascensor.

T: Y cuando piensas en esa imagen, ¿cuáles son las palabras negativas que piensas con respecto a ti mismo, que son falsas e irracionales?

A: *Tengo que hacer algo y no sé qué.*

T: ¿Cuáles son las emociones que surgen cuando piensas en eso?

A: Miedo, ansiedad, vergüenza.

T: En una escala de cero a diez, donde diez es la máxima perturbación que puedes imaginar y cero es ninguna, ¿cuánta perturbación sientes ahora cuando piensas en eso?

A: ¿Ahora? Casi nada, pero en la época fue mucho, unos nueve.

T: ¿Adónde sientes eso en tu cuerpo?

A: En el estómago.

T: Armando, vamos a comenzar con los movimientos bilaterales ahora. Sabes que puedes pedirme que paremos en cualquier momento, si quieres. Voy a pedirte que pienses en todo esto, vamos a hacer los movimientos; vamos a trabajar en silencio y después lo comentamos. ¿Está bien?

A: Está bien.

T: Entonces, piensa en esa experiencia difícil que me describiste, piensa en las palabras negativas *Tengo que hacer algo y no sé qué*, siente eso en tu cuerpo y sigue los movimientos. [La terapeuta estaba usando una barra de luz para hacer los movimientos bilaterales visuales.]

[Movimientos bilaterales]

T: Respira fondo. Suelta. ¿Qué aparece?

A: Me vinieron unos sentimientos. Tengo que proteger a mi madre; evitar un daño; el sentimiento de injusticia. El motivo

33

del atraso era por una lluvia fuerte. Realmente no sabía qué hacer. La persona que debía ayudarme era la causa del problema.

[Movimientos bilaterales]

T: ¿Y ahora?

A: Vinieron otras escenas, otros sentimientos... Los problemas ocurrían siempre en el inicio de la noche. Esos momentos eran una tortura. Yo contaba los minutos para que pasara aquella hora. Hasta que él se iba a dormir, la ansiedad era muy grande; la ansiedad y la sensación de peligro.

[Movimientos bilaterales]

A: Vino de nuevo la ansiedad. Me lo imaginaba yendo a dormir, para acabar con aquella situación de peligro. Tenía los oídos aguzados como para oír cualquier indicio de confusión, para poder intervenir. También vinieron otras escenas.

Yo estaba en el equipo de fútbol de salón. Él nunca me venía a ver. Debía tener unos diez años y yo jugaba bien. Era capitán, pero él nunca venía porque los sábados él bebía. Llegué a ser campeón nacional en otra modalidad deportiva. Vino para la última prueba, pero nos daba miedo porque siempre temíamos que iba a generarnos algún problema.

[Movimientos bilaterales]

Ahora me vino una emoción, un sentimiento... Yo ganaba la mayoría de mis competencias. Obtenía la premiación más alta del podio y él nunca estaba. Quería que él me viese en aquel lugar de honor, premiado por mi talento. Me daba tristeza. Pensaba: "Ahora tengo que volver a casa, porque puede estar pasando algo". Era un sentimiento fuerte... de él no haber asistido a estos momentos de competencia donde yo tenía tanto éxito. Él me pasó una pasión muy grande por su equipo de fútbol. Es la pasión de estar juntos, con mi padre. Yo le echaba la culpa al alcohol; me estaba robando a mi padre. Tengo recuerdos durante la semana cuando él no bebía y me llevaba con él al trabajo... Me gustaba hacer eso. Durante la semana, cuando él era un padre normal... era bueno.

T: Entonces dile a este niño que él ya no vive más allá. Dile algo como: "Ahora vives conmigo. El peligro pasó."

[Movimientos bilaterales]

A: ¿Está permitido llorar? La emoción me dice: "¡Venciste! ¡Lograste pasar por eso y vencer!" [Armando llora.] Ya pasó. Siento la falta de lo que mi padre dejó de enseñarme. Necesitaba sus consejos paternos.

[Movimientos bilaterales]

Estoy bien ahora... Solo estoy un poco emocionado.

Como la hora de la sesión estaba terminando y Armando había llegado a un buen punto para parar, la terapeuta empezó a encerrar la sesión. Le alertó que el reprocesamiento podría continuar después de la sesión y que era posible que se acordase de otras cosas; que quizá tuviese sueños relevantes u otras emociones. Le dijo que podría llamarla, de ser necesario.

Identificación de las rupturas

Identificar los quiebres y las rupturas es sumamente importante porque es ahí donde viven los traumas, los recuerdos difíciles y nuestros objetivos de terapia. Cuando tomamos la historia del cliente, nos fijamos en esas cosas. Muchas veces los pacientes dicen: *"Ah, eso ya está resuelto"* y yo comento: *"Entonces vamos a confirmar?* Y voy anotando en mi lista de blancos, mientras voy estructurando el plan de tratamiento.

En estas primeras sesiones, quedó claro cómo el suicidio del padre de Armando aún le pesaba y que aún había cosas para resolver en la relación con el padre. Pero no era solo eso. Aquel primer recuerdo en el ascensor dejó su marca. Muchas personas piensan que porque algo pasó hace mucho tiempo, ya pasó; o quizás que han logrado manejar el recuerdo a punto tal que ya no les afecta, pero lo que vamos viendo en el transcurrir de los relatos de Armando —y de muchos otros pacientes— es cómo esas rupturas aún afectaban su vida.

La cuestión de la ansiedad aparece y reaparece en su vida y es una de las cosas que le estaban impidiendo desempeñarse bien en su vida actual. La mayoría de las personas que vienen de hogares alcohólicos luchan con la ansiedad. La imprevisibilidad —*¿Qué va a pasar hoy? ¿Cómo volverá a casa hoy mi padre?* — genera esa sensación de peligro, que a su vez genera una sensación de ansiedad. No saber si llegaría el "padre bueno" o el "padre difícil" complicaba la vida de Armando, como pasa en la mayoría de los hogares alcohólicos.

A veces, los pacientes vienen con una dificultad actual, como la de Armando, y les parece raro que comencemos con situaciones del pasado. Pero la verdad es que, si no vamos a la raíz del problema, difícilmente lograremos resolver la situación en el presente. Hay partes de nuestro cerebro que quedan activadas con situaciones chocantes como la del suicidio del padre de Armando. No desaparece con el tiempo, porque el tiempo no reprocesa recuerdos trabados.

Lo que hace la terapia EMDR es brindar una oportunidad para calmar las partes del cerebro — especialmente el sistema límbico— que no lograron "digerir" los recuerdos difíciles. Esto permite que se vayan resolviendo muchos aspectos de la ansiedad: se pierde la sensación de estar en peligro, tan característica de la ansiedad. Resolver la ansiedad del pasado permite que las experiencias actuales también se resuelvan, como consecuencia natural. Veremos más adelante cómo la ansiedad ligada a las presentaciones en público se fue resolviendo, a punto tal que con el tiempo el propio Armando reconoció que ya no tenía que desempeñarse a la perfección. Esto bajó su nivel de exigencia y le permitió hacer las cosas de forma más relajada.

Reprocesamiento

Tercera sesión

Una vez más nos saludamos al inicio de la sesión y la terapeuta preguntó cómo había pasado la semana.

Armando: Salí de aquí bien, pero pasé unos dos o tres días zurumbático, introspectivo. La médica hizo algunos cambios en la medicación por mi nivel de ansiedad. Recordar todo aquello... Es difícil situarme. Pero pasó. Quien controla esas cosas ahora soy yo.

Armando relata algunos recuerdos adicionales que tuvo de aquel entonces y niega que haya tenido sueños pertinentes.

Terapeuta: Ahora cuando piensas en la escena que trabajamos en la última sesión, ¿cómo está?

A: Está tranquilo. Veo la escena, pero no siento pavor ni miedo. Lo veo como una cosa que fue difícil pero que ya pasó. No sé si es temporario, pero lo veo como un cuadro. Me sobrepuse. Sobreviví, y mi madre también.

La terapeuta pregunta acerca del nivel de perturbación actual, en una escala de cero a diez, cuando Armando piensa en aquella escena, y Armando contesta que es cero.

Pasamos a la próxima escena perturbadora ocurrida en ese tiempo: el suicidio de su padre.

A: Cuando recuerdo el suicidio de mi padre, me vienen dos momentos distintos. Primero, el momento en que llegó la noticia. Fui yo quien tuvo el último contacto con él antes de que muriera. Él me dijo: "Voy a dar una caminata por la plaza".

Encontré la nota que había escrito para mi madre y pensé que él se había ido de la casa.

Más tarde vi que había mucho movimiento en la casa, pero no tenía noción de lo que estaba sucediendo. Nuestra criada fue quien se encontró con alguien que sabía lo que había pasado y nos dio la noticia. Yo me quedé medio perdido en la situación... en casa. Mi padre tenía un arma, pero mi madre se había deshecho de ella por todos los problemas que tenían. Unos días antes de que pasara todo eso, hubo una llamada avisando que la "encomienda" había llegado. Después nos dimos cuenta de que él había comprado otra arma. Yo me senté en el piso del pasillo; un vecino se quedó conmigo. Era la hora del crepúsculo.

T: Y cuando piensas en la escena, en esa experiencia difícil, ¿qué piensas respecto de ti mismo que sea falso, negativo e irracional?

A: *Estoy perdido*. Cuando veo aquella nota en el escritorio, me da una angustia muy grande.

T: ¿Qué emociones surgen cuando piensas en todo eso?

A: Angustia.

T: Y en una escala de cero a diez, ¿cuánta perturbación sientes ahora cuando piensas en aquello?

A: Seis.

T: ¿Adónde lo sientes en tu cuerpo?

A: En el abdomen, en el estómago.

T: Entonces piensa en esa experiencia difícil, en la imagen de la nota, en las palabras *Estoy perdido*, siente eso en tu cuerpo y sigue los movimientos.

[Movimientos bilaterales]

A: Siento aquella ansiedad que sentí en ese momento. Cuando mi madre vio la nota, enseguida pensó en el suicidio. Mi padre había pasado por la casa de la madre, con un bolso en la mano. De allá fue para la plaza. Creo que fue allí donde fallé, que no pude ayudar. Podría haberlo detenido de alguna manera. Podría haber hecho algo para impedir que lo hiciera.

[Movimientos bilaterales]

A: Me llevó mucho tiempo reconectarme con mis sentimientos después de eso. Durante un tiempo, me consumí. Lo veo como una escena que no encaja y no la cuestiono.

También recordé el llamado por teléfono. Podría haber hecho algo.

T: ¿Cómo podrías haber sabido que tu padre haría eso?

A: Pues es... pero no dejo de pensar que debería haber hecho algo.

[Movimientos bilaterales]

T: Armando, parece que hay dos "Armandos" aquí: uno que se culpa porque cree que tendría que haber hecho algo para impedir que su padre hiciera aquello y otro que sabe que no había mucho que podría haber hecho. Quizás esos dos "Armandos" podrían conversar y tú, Adulto, podrías explicarle a este joven qué fue lo que sucedió.

[Movimientos bilaterales]

A: Me costó bastante, pero conseguí conversar un poco.
T: Parece que tu padre había pensado mucho antes de tomar la decisión. Dejó una nota, compró el arma a escondidas. Escogió una forma de morir que no da mucha chance de supervivencia.

—

Parece que él estaba bien resuelto a hacerlo. Creo que era simplemente cuestión de tiempo. Si no hubiera sido ese día en el que lo viste por última vez, habría sido otro día. Parece que no había nada que se hubiera podido hacer para impedirlo. Quizás le podrías explicar eso al Armando que se queda insistiendo en que debería haber hecho algo.

[Movimientos bilaterales]

A: Me vino otro recuerdo, una sensación de culpa. Esto fue después de saber que él tenía un diagnóstico psiquiátrico. Yo no sabía eso. ¡Pero yo era apenas un adolescente!

[Movimientos bilaterales]

T: Y ahora, cuando piensas en esa experiencia difícil, ¿cuánta perturbación sientes?

A: Con relación a haber encontrado la nota, siento más alivio. Me molesta un poco, un cero o un uno. Voy a continuar trabajando la culpa. Pero todo está más claro, más en foco. Está mejor ahora.

Otra escena que recordé fue la del entierro. Eso fue bien doloroso. Cuando volví al colegio, recordé la vergüenza que sentí. Las personas comentando: *"El padre de él se suicidó"*. Todo el mundo sabía y yo sentía mucha vergüenza.

T: Sí, todo eso es muy difícil, muy doloroso. Nuestro tiempo se está acabando, así que lo vamos a dejar para retomar en la próxima sesión, ¿puede ser?

A: Sí. Son muchos recuerdos, pero estoy más aliviado.

Reparación

Cuarta sesión

Terapeuta: Pues bien, Armando, ¿cómo pasaste estos días?

Armando: Todo bien. Pasé bastante mejor esta semana. No sentí nada; no tuve la resaca emocional que tuve la vez pasada. No sentí ansiedad de venir hoy.

T: Ahora cuando piensas en la experiencia que trabajamos la semana pasada, ¿cómo está?

A: Está tranquilo, como si fuese una situación que me sucedió, me marcó, interrumpió el ritmo de mi vida, pero entiendo que realmente no podía hacer nada. La nota aún me provoca un poquito de ansiedad. Cuando pienso en abrir el cajón y ver la nota, no es bueno.

T: ¿Cuánta perturbación sientes cuando piensas en eso?

A: Tres.

T: Entonces piensa en esa experiencia difícil, en la escena de la nota, y sigue los movimientos.

[Movimientos bilaterales]

A: Me viene un sentimiento más de nostalgia y añoranza. Fue un momento bisagra en mi vida. Quisiera que no hubiese sucedido, pero no tengo la culpa. Está tranquilo. Con nota o sin nota, yo no podría haber hecho otra cosa. Simplemente lo extraño.

T: ¿Cuánta perturbación sientes cuando piensas en eso ahora?

A: Uno, dos. No me molesta. Ya no tiene el mismo impacto. Ahora es añoranza. Hubo una ruptura, una pérdida.

Cuando sucedió todo esto, nosotros nos quedamos en casa. Vino un amigo mío. Fui a dormir a la casa de la hermana de mi madre, con quien tenía una relación buena. Yo estaba intentando asimilar aquella situación, buscar información. Yo no sabía cómo reaccionar, cómo arreglarlo, cómo proteger. Al día siguiente, sabía que quería ir al entierro, pero mis hermanos no fueron.

T: En esa parte de la experiencia, ¿cuál es la escena o la foto que se destaca más para ti?

A: Yo, sentado en el pasillo con mi amigo... medio vacío, perdido, intentando comprender la situación.

T: Cuando piensas en esa escena, ¿cuáles son las palabras negativas, falsas e irracionales que piensas respecto de ti mismo?

A: *Estoy perdido.* No sé manejar esta situación. ¿Cuál será el rumbo de las cosas?

T: ¿Cuáles son las emociones que te surgen cuando piensas en todo esto?

A: Ansiedad, confusión.

T: ¿Cuál es el nivel de perturbación?

A: Tres. Siento añoranza, nostalgia, pero había otro componente: estaba en un ambiente rodeado de personas y eso me molestaba. No quería mostrar cobardía; tenía que ser el fuerte.

T: ¿Adónde sientes eso en tu cuerpo?

A: En el estómago.

T: Entonces piensa en todo eso, en esas palabras negativas y sigue los movimientos.

[Movimientos bilaterales]

A: El dolor fue superado y el sentimiento de vergüenza. Tenía una preocupación excesiva con lo que los otros irían a pensar, debido a las escenas horribles causadas por el alcoholismo de mi padre. Encima de todo, la vergüenza de que se haya matado. Vergüenza. Hoy ya no tengo más vergüenza con relación a eso, pero la tuve durante muchos años. Tuve mucha vergüenza. Decía que había sido un accidente, pero hoy está bien. La vergüenza fue en aquel momento. La imagen ha quedado congelada. Percibo los sentimientos, pero no me molestan.

[Movimientos bilaterales]

A: Hoy estoy con acidez en el estómago; yo siento las cosas en mi estómago. Pero estoy tranquilo con esa escena. Es un cero.

La próxima escena era en la casa de mi tía. Había mucha confusión. Apagué la luz y miré para arriba, pensando qué hacer con mi vida.

Estoy solo. En este momento, había una ruptura con Dios. Él no podía existir. Estas cosas no pueden pasar con tanta facilidad. Yo era el mayor de mis hermanos.

[Movimientos bilaterales]

A: Más pesada que la confusión era la idea de que nunca más iba a verlo; nunca más iba a tener contacto con él. Eso fue muy doloroso.

[Movimientos bilaterales]

A: Pasó. Sobreviví. Logré pasar por ese momento. No se me dio por las drogas ni por el alcohol. Absorbí principios fuertes de integridad y honestidad, que eran de mi padre. La vida siguió adelante.

[Movimientos bilaterales]

A: No solo yo, sino toda la familia sobrevivió a esa situación. Nadie se trabó. Mi madre sobrevivió, y hasta encontró otra persona un tiempo después. Las cosas marchan bien.

T: ¿Vamos a ver la escena del entierro? Aún tenemos tiempo hoy.

A: El entierro fue más fácil. Ahí estoy, llegando al cementerio... Es muy feo. La capilla es de mármol, todo es gris, todo de cemento. Llegué, vi el ataúd. Algo importante que pasó... Estaba en el entierro un chico que acabó dándonos una lección a todos. Era hijo del dueño del bar que mi padre frecuentaba. Él bebía más en casa, pero a veces iba a un bar cerca de casa y yo conocía a los hijos del dueño. Cuando ese muchacho se acercó, me dio una crisis de llanto. Un amigo me sacó y me llevó a tomar un refresco.

Me dio una emoción de desesperación, pero ahora la perturbación es casi nada, cero.

[Movimientos bilaterales]

A: Desde que venimos trabajando sobre estas cuestiones, la ansiedad no apareció más. Sin embargo, me da añoranza por mi padre. Con relación a la ruptura, estoy bien tranquilo. La escena del amigo llevándome para afuera fue importante. Pero cargar el ataúd, verlo tan de cerca... Me dio un momento de desesperación absoluta.

—

T: Sabes, Armando, cuando alguien muere así, repentinamente, uno no tiene la oportunidad de decir adiós, de despedirse. Quedan cosas sin decir, cosas importantes que a uno le hubiera gustado que la persona supiese antes de partir. Quisiera proponerte que ahora, en tu imaginación, tu padre viniese de dónde está y le dijeses todo cuanto te faltó decirle: lo importante que era para ti, lo mucho que lo extrañaste y otras cosas que quieras decir. Dile todo lo que quieras. Aquí se puede. Piensa en todo eso y sigue mis movimientos.

[Movimientos bilaterales]

A: [Llora al despedirse de su padre.] Le agradecí por los valores que él me transmitió. Realmente no había nada que pudiera hacer para ayudarle. Yo era apenas un adolescente. Sé que cada uno tiene sus motivos. No tengo que evaluar o juzgar lo que hizo mi padre. No tengo rencor; tuvo sus motivos. Luchó hasta al final y llegó un momento que no daba más. Le agradecí por habernos dejado económicamente amparados. Esto era una preocupación que él tenía.

T: Muy bien. Entonces ahora vamos a escuchar lo que él te diría...

[Movimientos bilaterales]

A: Dos cosas: me pidió perdón, que yo le perdonase por lo que hizo. Y me felicitó porque ayudé a la familia a seguir en buen camino.

Ambos muy emocionados, hicimos los comentarios finales y nos despedimos. Fue una sesión de mucha emoción, pero también de mucha reparación.

Hacer las paces con el pasado

Una de las tareas terapéuticas que suele aparecer en la psicoterapia es la reparación: hacer las paces con el pasado. Pero para que eso pueda pasar, a veces es necesario hacer las paces con lo que pasó y hasta con quien fue parte de la experiencia. Aceptar lo que pasó no significa aprobar. Aceptar quiere decir: las cosas son como son, fueron como fueron. No se puede cambiar el pasado, pero podemos modificar nuestra percepción, nuestra interpretación de lo que recordamos.

En este caso, Armando perdió el padre repentinamente, de forma inesperada y violenta. No hubo oportunidad de una despedida más personal ya que, cuando Armando supo de lo ocurrido, el padre ya estaba muerto.

Una de las estrategias clínicas que podemos emplear es la reparación. Como mi formación profesional inicial fue en psicodrama, con frecuencia aprovecho algunos de los manejos clínicos de ese abordaje: hacer lo que yo llamaría un "psicodrama interno", que le permite al cliente plantear diálogos y resoluciones internas, utilizando entrelazamientos durante el reprocesamiento de la terapia EMDR.

Una de las dificultades que surgen al manejar el trauma es justamente la cuestión del paso inacabado. A veces se tiene la sensación de que algo quedó "colgado" en el tiempo. No se pudo terminar, como ocurrió en el caso de Armando. Hay personas que se exponen —hasta repetidamente— a situaciones peligrosas, en el intento de traer algún tipo de cierre a momentos traumáticos que han vivido. Como nuestro cerebro "pide" un final, y de preferencia un final feliz, el psicodrama se presta mucho para esa finalidad. (*¿Quién no quiere saber cómo terminó el último capítulo de la novela?*)

De allí surgió la propuesta a Armando para que él tuviese esa conversación con su padre, de forma que pudiese dar un cierre a esa relación tan importante y que fue violentamente cortada. "Llamamos" a su padre de donde estuviese y estructuramos la oportunidad para que Armando pudiese tener esa conversación en la privacidad de sus pensamientos y su imaginación.

Quizás una de las cosas que trae protección y seguridad a los pacientes es saber que no es necesario detallar verbalmente todo lo que pasa durante la terapia EMDR. Armando habló poco sobre lo que le dijo a su padre y no es necesario informar a la terapeuta para que la terapia llegue a un buen término. Lo que importa es que él haya tenido la oportunidad de llevar esa relación a una resolución satisfactoria. Hay momentos tan privados —y sagrados— que deben de hecho quedar en el silencio del pensamiento.

También aprovechamos ese mismo momento para que él pudiese imaginar lo que su padre le diría, palabras que fueron sorprendentemente positivas y confirmadoras. De esa manera, hubo una resolución de ambos lados de la relación.

Reconciliación

Quinta sesión

La terapeuta indagó sobre cómo le había ido a Armando después de la última sesión.

Armando: Aquel día me quedé medio introspectivo, pero al día siguiente estaba bien.

Terapeuta: Y cuando piensas en aquella experiencia ahora, ¿cuánto te perturba, de cero a diez?

A: Cero.

T: Entonces, vamos al próximo objetivo, que tiene que ver con haber ido al internado.

A: Sí. Fui a una escuela militar. Había conseguido pasar el examen de ingreso. Mi padre murió en mayo y yo fui a esa escuela en febrero del año siguiente. Tuve un comandante muy exigente y no podía ir a casa los fines de semana demasiado seguido. Para llamar a casa tenía que usar un teléfono público. Frecuentemente no había señal o no se conectaba. Era difícil. Las clases eran dentro de un régimen militar.

Cuando pienso en eso, me vienen varias escenas. Primero, el viaje hacia el internado. En el examen de ingreso, tuve una reprobación por un problema que tenía en la vista. Hice una apelación y logré entrar, aun así. El personal de la escuela reunió a todos los aprobados de mi ciudad en un autobús que nos llevó a la ciudad donde quedaría internado. Yo estaba muy preocupado por lo que estaba dejando atrás. Había muchas personas en el autobús y yo era muy introvertido. Fue un viaje bien complicado. A la llegada, me di cuenta de que la escuela era realmente muy grande, un internado.

Yo estaba muy orgulloso porque solamente 200 alumnos habían pasado, de entre 100 mil candidatos. Pero tenía la sensación de que estaba dejando mi casa para siempre con apenas quince años. Y pensé: "No tengo el apoyo de mi padre".

T: ¿Y cuáles son las palabras que mejor te describen cuando piensas en esa escena, que sean falsas, negativas e irracionales?

A: *Estoy sin apoyo*. Estoy dejando atrás a mis hermanos.

T: Cuando piensas en eso, ¿cuáles son las emociones que te vienen?

A: Tristeza.

T: En una escala de cero a diez, donde diez es la máxima perturbación y cero es ninguna, ¿cuánta perturbación sientes ahora cuando piensas en eso?

A: Seis. Subir al autobús, sentarme... muchas personas que yo no conocía. No tenía tanto miedo de las cosas después de que mi padre murió. Eso de no tener miedo me fortaleció, pero ese día estaba preocupado por lo que me iba a encontrar.

T: ¿Adónde lo sientes en tu cuerpo?

A: En el estómago; un vacío. Aún me da un vacío. No sé cómo trabajar la emoción de aquel momento... No sé qué podría haber sido diferente. Era un vacío debido a las circunstancias.

[Movimientos bilaterales]

T: ¿Qué podría haberte ayudado?

A: Saber que mi familia iba a estar bien; eso podría haberme ayudado.

T: Entonces en tu imaginación, dile a este Armando de 15 años lo que sabes hoy: que la familia estuvo bien, aun sin él.

[Movimientos bilaterales]

A: El Armando adolescente se quedó bastante más tranquilo. Era tan difícil llamar a casa. Era caro, y me imaginaba el sufrimiento de mi madre y lo que ella estaba sintiendo en ese momento. Ella tuvo una actitud sabia. No me dejó salir de la escuela después del primer año, que era lo que yo quería. Insistió en que continuase.

T: ¿Entonces vamos a agradecerle a tu madre?

[Movimientos bilaterales]

A: Tengo mucho que agradecer. Ella nunca demostró debilidad. A veces, yo me quedaba un mes entero sin ir a casa. Otras veces, ella me venía a visitar. Fue un puerto seguro para mí. Siempre le mando un saludo especial en el Día del Padre.

T: Entonces, cuando vuelves a pensar en la escena del autobús, ¿cuánta perturbación sientes, de cero a diez?

A: Uno. Es ansiedad y preocupación por ellos.

Una escena que me marcó bastante en la llegada fue el internado. Tenía varias alas, los dormitorios tenían armarios encima y camas debajo. Nos paramos en la puerta del internado, conversando, todos sin saber con qué nos íbamos a encontrar.

Ahora cuando pienso en aquel primer día, estoy bien tranquilo. Llegué a entender que aquellas personas eran compañeras. Yo tenía cierta popularidad, porque era atleta. Tenía competencias. Había también mucha novatada, a veces con violencia. Pero yo siempre les ganaba a los veteranos, aun en ese primer año.

Una vez un grupo de nosotros nos metimos en problemas y nos dieron un castigo, pero no tuve problemas de disciplina, realmente. A veces provocaba a algunos de los alumnos de segundo año, pero no era nada grave.

T: Entonces, ahora cuando piensas en esa experiencia que estamos trabajando, ¿cuánto te molesta, de cero a diez?

A: ¿De la llegada al colegio? Cero.

En verdad, tengo muy buenos recuerdos, excepcionales. A veces, tenía el sentimiento de que estaba malgastando mi vida allí. Me estaba preparando como militar y pensaba: "No voy a utilizar esto nunca". Brasil no va a entrar en una guerra con nadie nunca; así que no tenía sentido.

Pensaba: "*Estoy perdiendo años de mi vida*". Me vinieron algunas escenas impactantes con relación a eso. Una fue de una visita a mi casa. Cuando iba a visitar a mi familia, llegaba de madrugada, y volvía el domingo por la tarde. Este regreso era muy doloroso. Tenía mucha tristeza cada vez que pensaba en encarar aquella rutina. Mi hermana estaba yendo a una fiesta y yo volviendo al internado.

Pero fueron momentos que ya pasaron. Salí, tomé otro rumbo; vencí en otras cosas. La tristeza se transformó en aprendizaje. Trabajé duro. Terminé la secundaria y estaba muy adelantado respecto de los demás. Pasé en 13.º lugar los exámenes de ingreso a la universidad federal.

[Movimientos bilaterales]

A: Al final, no terminé la escuela militar. Hice un año y ocho meses. Antes de terminar el segundo año, volví a la escuela de mi ciudad, donde volví a vivir con mi familia. Hice el último año en casa. Esta vez, mi madre me dejó volver a casa.

En mi último día en el internado, tuvimos un ejercicio y dormí a la intemperie. Fueron experiencias que fortalecieron mi carácter. Lealtad. Honestidad. Soy más leal que honesto. Creo en cumplir con el deber. Más que fidelidad. Son conceptos que quedaron arraigados en mi carácter.

Tuve un par de experiencias feas con novatadas. Una vez recibí una patada de un oficial y no pude reaccionar. También hubo veces en que nos hacían ejercitar tanto que al día siguiente no podía subir las escaleras.

[Movimientos bilaterales]

A: La escuela militar fue un aprendizaje de vida. Sentía mucha tristeza, ahora está todo bien. Bien trabajada, bien resuelta. Después que tuve contacto con la Biblia, cambié. Antes yo cultivaba mucho mi sufrimiento: era como que la disfrutaba. Después de la conversión, eso cambió. Ahora está todo tranquilo. Es parte de la experiencia de vida. Fue un aprendizaje.

Hoy tuve una reunión en el trabajo con varias personas importantes. Mi jefe tenía que ir a esa reunión, pero falleció una persona importante del equipo de trabajo, un amigo nuestro. Tuvo un accidente de coche. Me desperté esa mañana y sabía que me tocaría representarlo. Pensé: "Voy a tener que sentarme al lado de uno de esos políticos que buscan boicotear nuestro trabajo".

Pensar en estas cosas me hace recordar la muerte de mi hermana. Yo fui el donante para la transfusión de médula en la tentativa de salvar su vida, pero no dio resultado. Eso me molesta.

T: Creo que ese es un tema para trabajar en la próxima sesión. Tú no eras responsable de curar a tu hermana. Hiciste lo que pudiste. Las cosas no siempre salen como uno quiere, ¿cierto?

A: Así es. Trabajémoslo en la próxima sesión.

Sexta sesión

Armando: Estoy bien, pero me estoy despertando más cansado. Pero me despierto de buen humor. Por el hecho de tener los días muy ocupados y estresantes, me he despertado más ansioso, sobresaltado, pero logro estabilizarme enseguida.

Terapeuta: Me gustaría que pensases en lo que trabajamos en la sesión pasada. Ahora, cuando piensas en ello, en una escala de cero a diez, ¿cuánta perturbación sientes?

A: No me molesta más. Es cero. Fueron situaciones que se dieron dentro de un contexto. Fue parte de la escuela de la vida, y lo que me quedó de bueno permanece hasta hoy. Lo malo quedó atrás en aquel momento.

La muerte de mi hermana la viví más de lejos porque yo ya me había ido de casa. Creía que Dios la iba a curar. Esperaba que Dios la curase, cuando ya no había más qué hacer. Murió en el Señor, lo que me consuela bastante. Fui un hermano muy molesto; podría haber sido un hermano más amoroso... Quisiera haber tenido más tiempo. Fui el donante de médula. En la semana previa a la donación, estaba en un estado de nervios terrible. Murió joven, pero luchó muchos años con el cáncer.

Recordé otra escena: cuando bautizaron al hijo de mi hermano... Mi hermana insistió en ir, pero ya tenía dificultad para respirar. El día del fallecimiento, ella fue hospitalizada. Fue la mano de Dios que nos permitió conseguir un lugar en el hospital. Fui junto con mi cuñado a darle la noticia a mi madre. Solamente la fui a ver al día siguiente, en el entierro. Qué pena no haber sido un hermano mejor. Creo que ella llevaba algunas cicatrices emocionales por mi causa. Pero mi cuñado siempre decía que ella tenía una admiración grande por mí. Recuerdo cómo la molestaba cuando éramos chicos. Una escena que me viene fue una vez cuando le rompí un huevo en la cabeza.

Estaba bromeando con ella. Otra vez, cuando dejé la escuela militar y tenía que elegir una clase, acabé escogiendo justo la sala de ella. Lloró mucho, porque yo quise quedarme en la sala de ella. Estaba un año atrasada y yo le decía que era fea. ¡Pero ella era linda!

T: ¿Cuál de esas escenas quieres trabajar?

A: La de romper el huevo en su cabeza.

T: Y cuando piensas en esa experiencia difícil, ¿qué piensas con respecto a ti mismo que sea falso, negativo e irracional?

A: *Soy malo. Soy insensible.*

T: ¿Y qué emociones te surgen cuando piensas en todo eso?

A: Un arrepentimiento enorme; ganas de volver y cambiar esos momentos.

T: Y en una escala de cero a diez, donde diez es la máxima perturbación, ¿cuánta perturbación sientes ahora cuando piensas en eso?

A: Siete. Quisiera volver y hacer todo diferente.

T: ¿Y adónde lo sientes en tu cuerpo?

A: En los hombros; en el corazón.

T: OK, Armando, entonces piensa en esa escena, en las palabras *Soy malo*, siente eso en tu cuerpo y sigue los movimientos.

[Movimientos bilaterales]

A: Vinieron otras escenas donde yo le decía que ella era burra, ¡pero ella era inteligente! Solo tenía que estudiar más. Esa burla era mi forma de mostrar mi amor. No aprendimos cómo demostrar amor en ese entonces.

T: Armando, quisiera darte la oportunidad de conversar con tu hermana. Imagina que ella viene de donde ella esté y tú tienes la chance de decirle lo que te faltó decirle. ¿Qué tal?

A: De acuerdo.

[Movimientos bilaterales]

[Armando llora mientras hace esta serie de movimientos.]

A: Me reconforta mucho la respuesta de ella. Ella sabía que eran solo cosas de chicos. Pero, aun así, no fue bueno hacerlas.

[Movimientos bilaterales]

A: Le dije al Armando interno que se sigue lamentando de no poder volver al pasado, que realmente no tiene cómo volver y que ella reconoció que eran esas las circunstancias. Después hablé con el Armando lamentador y le dije que no hay forma de volver. Ella sabía cuánto la quería el Armando joven, y entendía.

T: Entonces, quizás ahora puedas imaginar un futuro en el que vas a poder reponer lo que no sucedió.

[Movimientos bilaterales]

A: Es reconfortante. Voy a poder amar con transparencia.

T: Y ahora, cuando piensas en esa experiencia, ¿cuánta perturbación sientes?

A: Cero. La enfermedad de mi hermana tenía un muy buen pronóstico de cura. El tratamiento era sencillo, pero después vi

que no era tan así. Fue tratada por médicos particulares en hospitales excelentes. Una vez, yo la acompañé a una consulta. Fue muy impactante entrar en aquella ala del hospital donde se tratan esas enfermedades; había personas esperando, otras ya en tratamiento. La espera fue inmensamente angustiante; ver niños con cáncer, las madres sufriendo. También fue difícil el día en que fui a visitarla después del trasplante.

T: Entonces piensa en esas escenas del hospital.

[Movimientos bilaterales]

A: Vinieron muchas cosas. El momento en el que hicieron los exámenes y quedó claro que yo sería el donante. Tuve una sensación de ansiedad, miedo con relación al procedimiento, pero también la satisfacción de poder ayudar. Tenía plena convicción de que Dios la curaría. Tuve un sentimiento de gran responsabilidad durante el tiempo en que estuve preparándome para el trasplante.

T: Y cuando piensas en eso, ¿cuánto te molesta, de cero a diez?

A: Tres. Me quedé escuchando las instrucciones durante la consulta y tomando las medicinas. Me pusieron una inyección para aumentar la producción de células madre.

[Movimientos bilaterales]

A: Tomé las medicinas y tuve dolor de cabeza, y una ansiedad loca. Sentía que mi cuerpo tenía que estar perfecto. Iba a ser el salvador de esa historia. También tuve mucho miedo de tener un ataque de pánico otra vez. No dormía bien. Mi esposa vino a quedarse conmigo. También una maestra de la infancia. De hecho, fue la maestra la que me dijo: "Tú no eres responsable por la cura de tu hermana, ¿entendido?"

[Movimientos bilaterales]

A: Ahora siento solamente agradecimiento a Dios por haber usado ese canal. Esa maestra debe haber percibido mi angustia. Ahora las escenas están bien tranquilas.

T: Y en una escala de cero a diez, ¿cómo está ahora?

A: Cero. En la semana del procedimiento en sí, cuando se hizo la infusión en mi hermana, hice todo cuanto tenía que hacer: me aplicaron las inyecciones, me sometí a una alimentación más cuidada, etc. Podrían haber hecho más infusiones. Guardaron el estimulador y todo funcionó muy bien. Fue reconfortante saber que de mi parte había cumplido a la perfección. Pensé: "Ahora llega la cura".

T: Y ahora, cuando piensas en esa experiencia difícil, ¿cómo está la perturbación?

A: Cero. Me vino una escena bonita. Hubo un momento en el que ella apenas conseguía respirar. Fui a pasar una semana allá de visita, conversando con ella. Después una tía dijo que mi hermana había comentado que fue muy buena mi visita; que no hubo problemas. Dijo: "Cuando él está aquí, la casa entera se ilumina".

T: Y cuando piensas en esas palabras positivas, *Hice lo que pude*, en una escala de uno a siete, donde siete es completamente verdadero y uno es falso, ¿cuán verdaderas sientes que son esas palabras ahora, pensando en esa experiencia con tu hermana?

A: Siete. Mi sensación de arrepentimiento se ha reajustado. No hay perturbación. Estoy en paz con todo.

Hacer las paces con nuestra pandilla interna

En esta sesión, vemos que Armando aún arrastraba el sentimiento de arrepentimiento muy común cuando se pierde alguien de esa forma. Como él fue el donante para el trasplante de la hermana, es fácil hacer esa conexión de que *yo tengo que salvarla*. Las palabras de la maestra fueron providenciales en el sentido de hacerlo entender que no era él responsable por la vida —o la muerte— de su hermana.

También observamos cómo Armando viene haciendo las paces internamente con la situación de su padre y cómo eso viene consolidándose cada vez más. Era importante esa reconciliación, porque le trajo paz de espíritu.

Entender que él había hecho lo mejor que pudo con relación a su hermana fue muy liberador. Disipó el sentimiento de culpa y de responsabilidad por su muerte, de no haber hecho el suficiente para salvarla. Algo parecido a lo que había sentido con el padre, aunque en otra dimensión. Ambas muertes fueron impactantes, de formas distintas, y necesitaban encontrar un lugar apropiado en el archivo del pasado.

Otro rol con el cual Armando se reconcilió fue consigo mismo, de niño, cuando fue al internado. Todos nosotros tenemos una "pandilla" que vive adentro, diferentes roles que actúan adentro de nosotros. A veces, pueden asumir el control de nuestra vida adulta, lo que no es adecuado. En este caso, fue importante para Armando reconocer al muchacho joven que salió de casa adolescente y poder decirle que todo había salido bien. Estos roles internos no siempre saben cómo fue que terminó la historia y por medio de estos diálogos internos es posible informarles. Una de las tareas terapéuticas importantes es la integración o la reconciliación de la galería interna de roles. Ese joven internado no sabía cómo había terminado todo y fue importante para Armando darle esa información.

Finalmente, Armando también pudo reconocer la importancia del rol de su madre. La gratitud es una emoción de mucha salud y señaliza cambios importantes dentro de la persona. Armando hasta logró agradecer a su padre por los valores que este le transmitió.

Resolución

Séptima sesión

Terapeuta: Y entonces, Armando, ¿cómo pasaste esta semana? Trabajamos algunas cosas bien difíciles en la última sesión...

Armando: Sí, trabajamos muchas cosas la semana pasada, pero realmente siento que *hice lo que pude*. Dios me dio la bendición de haber sido el donante de mi hermana. Eso le dio más tiempo.

T: Cuando piensas en lo que trabajamos la semana pasada, ¿cuánta perturbación sientes ahora?

A: Ninguna. No hay perturbación.

Ahora siento que llegó la hora de trabajar lo que me trajo aquí. Cuando tengo que hacer alguna presentación en público, me falta el aire, la voz se me quiebra. Tengo miedo de lo que va a pasar, y entonces, eso pasa de verdad. Siempre fui tímido; un niño tranquilo. No di mucho trabajo. Jugaba con muñecos de super-héroe. Nunca fui del tipo hiperactivo.

Más bien tenía necesidad de aprobación: tenía que decir la cosa acertada, tener el pensamiento más inteligente. Trabajo en un ambiente en el que las personas me admiran; es tranquilo, pero tengo que demostrar capacidad. Entonces ahí me vienen la ansiedad y el pánico.

T: ¿Y tienes una escena clara de esa dificultad?

A: Sí. Recuerdo una audiencia pública, de hecho, dos audiencias, en un auditorio bien grande; estaba lleno. Había muchas personas importantes presentes. Mi jefe era quien tenía que haber ido, pero a último momento surgió algún imprevisto y lo tuve que reemplazar. Hablé en último lugar, con la

---

63

esperanza de que el jefe llegara a tiempo. Yo ya tenía el texto listo, dominaba el asunto, pero cuando se iba acercando mi turno de hablar, pensaba en que me iba a trabar; me faltaba el aire.

Llegó mi turno. Mi colega expuso su parte y después yo complementé.

T: Y cuando piensas en esa situación, ¿qué piensas con respecto a ti mismo que sea negativo?

A: *Soy un flojo.*

T: ¿Y qué emociones aparecen?

A: Miedo, ansiedad.

T: Y en una escala de cero a diez, ¿cuál es el nivel de perturbación, cuando piensas en eso?

A: Siete.

T: ¿Y adónde lo sientes en tu cuerpo?

A: Me genera ansiedad en el estómago y me oprime los pulmones.

T: OK. Entonces, piensa en esa experiencia, piensa en las palabras *Soy un flojo*, siente eso en tu cuerpo y sigue los movimientos.

[Movimientos bilaterales]

A: No logré sentir ninguna sensación. Recordé otros hechos que ocurrieron también. Algunos años atrás, llamé al *telemarketing* de la compañía telefónica para hacer un reclamo y me faltó el aire. También me pasó cuando tuve que llamar para hacer un pedido en un restaurante.

[Movimientos bilaterales]

A: Hay hechos del pasado, pero no logro identificarlos. En casa tenía mucha presión. Mi padre exigía que yo fuese el mejor. Y hay también una presión mía. Era uno de los mejores alumnos. Tenía que desempeñarme bien.

[Movimientos bilaterales]

A: Siempre fui muy crítico con los demás... siempre pensando en que los otros podrían estar pensando de mí.

Otra situación: pasó en un campeonato en el internado cuando yo era niño. Mi rendimiento nunca era lo que yo quería. Solo me dejaron competir en el segundo tiempo.

T: ¿Y cuánta perturbación sientes cuando piensas en eso?

A: Siete. Pienso que no rendí lo que podría haber rendido.

[Movimientos bilaterales]

A: En verdad, vino otro hecho. Era muy bueno en el deporte, pero era muy delgado, muy flaquito. Creo que si hubiese tenido una dedicación mayor, habría llegado hasta a competir por el título nacional. Me molesta no haber tenido la dedicación suficiente.

[Movimientos bilaterales]

A: Hay una escena, yo con 12 años. Ya estaba en un alto nivel de mi deporte. Me gustaban otros deportes también, pero el entrenamiento me era fácil. Tenía un talento natural, pero no concluía el entrenamiento. Aun así, ganaba todas las competencias. En la final, gané contra mi mayor competidor. Dos años después él era campeón estatal. Tuvo una gran evolución.

[Movimientos bilaterales]

A: El mundo es muy competitivo. Me parecía un tedio el entrenamiento. Y luego pensaba: "No puedo fallar, tengo que ser el mejor; los demás me van a criticar".

[Movimientos bilaterales]

A: Me vinieron algunos pensamientos: tuve un período de "vagabundo". Recién me había graduado. Tenía una renta de un departamento alquilado. Las personas que estudiaron conmigo en la facultad y que me elogiaban tanto, empezaron a estudiar más intensamente y fueron consiguiendo muy buenos puestos de trabajo. Yo estudiaba a medias para un concurso y no pasaba. Seguí así por un tiempo. Había personas que se dedicaron solo a estudiar durante varios años, porque los padres corrían con todos los gastos, pero yo tenía que mostrar más dedicación.

Al final, la vida dio un giro positivo. Me reencontré con la chica que hoy es mi esposa, ingresé a la vida profesional en el ámbito privado. Después, volví a quedar desempleado otra vez por una cuestión política, y, ahí sí, estudié de verdad. Perdí mi empleo, siendo el mejor gerente de la compañía en aquel momento. Ahí aparecieron los concursos para el empleo público, que era lo que yo siempre quise.

T: Nuestro tiempo está terminando. ¿Cómo estás ahora?

A: Estoy bien... Hay muchas cosas para pensar...

Octava sesión

A: Estoy bien. Estoy mucho más tranquilo en mis eventos. Tengo más confianza para enfrentar esas situaciones del trabajo.

T: Y ahora cuando piensas en las cosas que trabajamos en la última sesión, ¿cuánto te molestan?

A: Ahora está en tres. Al final, todo salió bien. Me molesta haber pasado tanto tiempo como trabado en aquel momento, pero está en el pasado. Igual, quisiera que hubiera sido de otra manera.

T: ¿Y qué te gustaría pensar sobre ti mismo ahora que fuese positivo?

A: *Me puedo equivocar.*

T: En una escala de uno a siete, donde siete es completamente verdadero, ¿cuán verdaderas sientes que son esas palabras ahora cuando piensas en eso?

A: Dos. Yo no me puedo equivocar. Tengo que ser perfecto.

T: Cuando piensas en esas palabras negativas, ¿qué emociones aparecen?

A: Angustia.

T: ¿Y en una escala de cero a diez?

A: Tres.

T: ¿Y adónde lo sientes en tu cuerpo?

A: En el estómago.

T: Entonces vuelve a pensar en aquella escena de la semana pasada, piensa en las palabras *Tengo que ser perfecto*, siente eso en tu cuerpo, y sigue los movimientos.

[Movimientos bilaterales]

A: Me acordé de dos situaciones. Una sucedió el sábado pasado. Estaba en un lugar lleno de personas importantes. Me dio ansiedad, al inicio del encuentro. Hasta elogiaron una de mis presentaciones, pero el micrófono me molestaba mucho.

Al final, todo salió bien. Todo cambió, es como que se había transformado. Ya se puede notar. Más tarde, en otra situación posterior, me seguí sintiendo muy confiado.

Y ayer hubo una reunión en un lugar súper importante. Yo me sentía bien a gusto. Aquí también tenía que usar un micrófono. Sentía que si me daban el micrófono, me iba a desenvolver bien. Vi cómo juntar bien las ideas.

Pero mi temor de trabarme o de fallar es complicado.

[Movimientos bilaterales]

A: ¿Sabe una cosa? ¿A quién le importa? Puedo trabarme, puedo fallar, todo eso puede ocurrir. La solución es respirar, y pedir de hablar más tarde, de forma que yo pueda utilizar bien el don que tengo.

T: Vuelve a pensar en esa escena inicial que te provocaba esa adrenalina.

A: Normalmente comienzo saludando a todas las personas.

[Movimientos bilaterales]

A: Ya estoy venciendo. Ya está pasando.

T: ¿Quizás podrías tomar los saludos como un calentamiento?

A: Sí.

[Movimientos bilaterales]

T: ¿Y ver el micrófono como tu amigo? De hecho, es el micrófono que permite que puedas expresar las ideas bien formuladas que tienes.

[Movimientos bilaterales]

A: El micrófono es un instrumento que me ayuda a desarrollar el talento que Dios me dio. No es negativo. Es un auxiliar.

T: Así es. Ahora, cuando piensas en las palabras, *Puedo usar el micrófono tranquilamente*, en una escala de uno a siete, donde siete es completamente verdadero, ¿cuán verdaderas sientes que son esas palabras?

A: Seis.

[Movimientos bilaterales]

A: Ahora es siete.

T: ¿Siete poderoso?

A: Sí.

T: ¿Vamos a chequear algo? Cundo piensas otra vez en trabarte, y en las palabras *Me puedo trabar*, ¿cuánta perturbación sientes, de cero a diez?

A: Cero. Puedo trabarme y no hay problema.

[Movimientos bilaterales]

A: Me siento bien asentado.

T: Y ahora, cuando piensas en la próxima vez que tendrás que enfrentar esas situaciones donde tienes que hablar en público, ¿cómo te sientes?

A: ¡Va a ser éxito total!

[Movimientos bilaterales]

A: Tranquilo.

T: Ahora imagina que surge alguna dificultad.

A: Si pasa algo…, es parte de la vida. Voy a resolverlo. Las cosas se van a acomodar.

T: ¿Y si olvidas todo?

A: Voy a explicar lo que sucede y empezaré otra vez.

T: Y ahora cuando piensas en eso y en la ansiedad, ¿cuánta perturbación sientes?

A: Cero. El domingo voy a tener que dar una entrevista en una radio local. Ahí va a ser la prueba.

T: Entonces imagínate haciendo esa presentación.

[Movimientos bilaterales]

A: Como es un ambiente que se sale de lo normal, por tratarse de una radio, me da más frío en la barriga. Voy bien preparado, pero me da algo en el estómago.

[Movimientos bilaterales]

T: ¿Y ahora?

A: Uno.

[Movimientos bilaterales]

A: Ahora cero. Voy a hacerlo tranquilamente. Ya me veo haciéndolo sin estrés.

Novena sesión

Armando: Estoy muy bien. Pienso que estoy cerca del alta. Pasé por situaciones de micrófono y no me afectaron en nada. Lo hice todo tranquilamente. Fui a la radio; hablé con facilidad y sin guion. Hice la presentación sin ninguna preocupación ni ansiedad.

Terapeuta: ¿Entonces vamos a evaluar tus objetivos? Cuando viniste, hicimos un plan de tratamiento y enumeramos unas cuantas cosas que deberíamos trabajar. ¿Vamos a revisarlas y ver cómo están ahora?

A: Sí.

T: Una de tus metas era sentirte más a gusto contigo mismo. Cuando piensas en eso ahora, en una escala de cero a diez, donde diez es completamente resuelto y cero es nada resuelto, ¿cuán resuelto sientes que está eso ahora?

A: Diez. Creo que logré sacarme el peso de la ansiedad, el recelo, y el miedo; ya no estoy actuando más de esa forma. Ya puedo hacer las cosas con calma y con más naturalidad.

T: Otro tema fue el hecho de haber nacido en un hogar alcohólico y todas las complicaciones que esto trae. En esa misma escala, ¿cómo está ahora?

A: También está diez; bien resuelto.

T: ¿Y el suicidio de tu padre?

A: Diez. Sabe, fue excelente trabajar eso. Nunca había trabajado esa cuestión. Hubo un tiempo en que cultivaba aquella tristeza, esto de ser el sufridor. Fue muy bueno trabajar eso. Está completamente resuelto. Hasta la culpa con relación al momento en que él salió de casa... ver que realmente fue premeditado y que no había cómo ayudarlo. Con quince años, no había nada que yo pudiera hacer. Fui el hijo que debía ser.

T: ¿Y la muerte de tu hermana?

A: Pues, fui yo el que donó la médula. Durante mucho tiempo me pregunté: ¿cómo fue que no funcionó? Fui un hermano muy molesto. Nos hicimos muy amigos ya de grandes y yo perdí la oportunidad de fortalecer nuestro vínculo. Pero lo estoy manejando mejor ahora.

T: Y en la escala de cero a diez, ¿cuán resuelto sientes que está eso ahora?

A: Yo aún la extraño. Me gustaría haber vivido más momentos con ella, pero está bien resuelto. Me quedó un sentimiento de añoranza: quisiera haber tenido más momentos con ella, pero en el Cielo esto se va a resolver. Diría un nueve, por la añoranza.

T: Otro tema era la idea que tienes que ser perfecto.

A: Creo que eso vale como norte, pero no tiene que ser una cosa tan rígida. Hay lugar para que pueda ocurrir un fallo, un olvido. No hay forma de evadirlo: en algún momento, inevitablemente, voy a decir alguna cosa equivocada y bueno... paciencia. Le doy un diez.

T: ¿Y la fobia en la facultad, los ataques de pánico?

A: Realmente tenía muchas fobias en la facultad, pánico. Una noche fui con mis amigos al *night-club* y tuve que volver a casa. Eran frecuentes esas situaciones que me ocurrían. Salía solo, surgía cualquier problema y tenía que irme, regresar. Pero en el camino a casa ya me ponía bien.

T: ¿Y qué nota darías?

A: Fue un tiempo difícil. En esa época, no se sabía de qué se trataba; hoy ya se sabe. En esa época, yo no sabía lo que era, pero la vida cambia. No tengo más problema con eso. Le doy un diez: totalmente resuelto.

Me pareció muy interesante todo este proceso terapéutico... Parece magia. Realmente creía que estas cosas nunca se iban a resolver, pero se resolvieron. No es solo el trabajo aquí, sino que durante la semana también parece que las cosas se van resolviendo. Después de aquella primera sesión, tuve unos días de bajón. En la segunda sesión, tuve un día difícil, pero de allí para adelante todo fue tranquilo.

Este trabajo continúa con el paso del tiempo. Aquí le damos *start* y el proceso continúa, pero inicialmente parece magia. Es difícil de creer; realmente solo viendo el resultado, solo viviéndolo. La terapia se dio de una forma muy organizada, con una gran empatía. Eso ayudó mucho.

T: Realmente muy bueno todo eso, Armando. Ha sido emocionante ver las resoluciones que has alcanzado. Aún queda tiempo en nuestra sesión y pensé que podríamos aprovechar para hacer algo positivo como parte de tu despedida...

A: Seguro.

T: Quisiera que pienses en las experiencias buenas de tu infancia. Este ejercicio se llama *Pilares de la Vida*, y uno va rescatando aquellas cosas buenas que llamamos "pilares", porque son las cosas, los valores, las experiencias sobre las cuales vamos construyendo nuestras vidas. Entonces, vuelve atrás y piensa en tu infancia y cuéntame uno de esos recuerdos buenos. Quizás el primero que recuerdes.

A: Recuerdo algunos regalos que me dieron, algunos juguetes, recuerdos lindos de cumpleaños. Mi madre hacía todo: montaba los *kits*. El pastel era siempre temático y nosotros ayudábamos.

Hubo un cumpleaños en el que el pastel era un barco de piratas. Se empezó a derretir y tuvimos que ponerlo frente al aire acondicionado hasta la hora de la fiesta. ¡Fue muy divertido!

T: Y cuando piensas en esa experiencia, ¿qué piensas sobre ti mismo ahora, que sea positivo?

A: *Puedo ayudar…* o mejor, *Soy amado*.

T: ¿Y qué emociones positivas surgen al pensar sobre eso y pensar en esas palabras positivas?

A: Amor, cariño, alegría.

T: ¿Y adónde lo sientes en tu cuerpo?

A: En el pecho.

T: Entonces piensa en eso y sigue mis movimientos. [La terapeuta hace unos pocos movimientos bilaterales lentos.]

A: Qué lindo. Me hace recordar mi equipo de fútbol. Armábamos los *kits* para el cumpleaños. Creo que tengo una foto en mi álbum de fotos de ese día. Fue muy lindo. En esa fiesta, las personas tenían que venir vestidas con la camiseta de su equipo favorito. Mi padre y yo fuimos con la camiseta de nuestro equipo y jugamos pelota adentro de la casa. Fue un día de mucha alegría, euforia, entusiasmo.

T: Hablaste de varios recuerdos. ¿Cuál sería otro?

A: Salíamos a cenar a un restaurante todos los sábados por la noche. Me acuerdo de un lugar al que íbamos con frecuencia. Eran dos lugares a los que íbamos: uno se hizo más frecuente porque quedaba más cerca. Me encantaban los canelones con salsa boloñesa. Estos restaurantes aún existen. Cuando vuelvo a mi ciudad, sigo yendo a comer allá y pido canelones a la boloñesa. A pesar de que esto sucedía en los días en que mi padre estaba bebiendo, aún así aquel momento era bueno.

T: Entonces piensa en todo eso y sigue mis movimientos. [La terapeuta hace pocos movimientos bilaterales lentos.]

A: Vino la imagen de consolidación del sentimiento de familia, todos sentados a la mesa, comiendo a la misma hora. Esta cena de los sábados era bien linda, todos juntos. Me vino otro recuerdo: mi hermana y yo contando los postes de teléfono, acostados en el asiento trasero del auto. Era muy divertido. Mis otros hermanos todavía no habían nacido.

Muy buen recuerdo, justo con esa hermana que falleció después. Ese recuerdo es muy especial. Después de una cierta cantidad de postes, se suponía que algo iba a pasar. Sabe, fui el hermano que yo quería haber sido. En la adolescencia eso cambió, pero en ese momento, cuando era niño, sí fui el hermano que quería haber sido. El problema de mi padre con la bebida no estorbaba en nada.

T: Entonces piensa en eso y sigue mis movimientos. [La terapeuta hace pocos movimientos bilaterales lentos.]

A: Recuerdo otra escena. Quería mucho tener una pista de autos y un Falcon de juguete. Ese Falcon era caro y mi padre era bastante tacaño. El salario de mi madre no era gran cosa. Era un juguete caro. Mi madre me llevó a una tienda y me lo compró, pagando en cuotas. No sé cuántas cuotas fueron, pero me compró la pista.

El Falcon no me lo regalaron ellos. Era importado. Un amigo de mi padre fue quien me lo dio. Llegaron con el Falcon que yo quería tanto. Era una maravilla y a mí me encantaba. De la pista de autos... recuerdo hasta la escena... entrando en la tienda. La caja era pesada. Al principio, no sabía cómo manejar el acelerador.

Con relación al Falcon es un poco diferente, porque fue una sorpresa. Vino de otras personas. Lo quería hacía mucho tiempo y vino de un lugar que yo no esperaba.

T: Y cuando piensas en esos regalos, ¿qué piensas sobre ti mismo que sea positivo?

A: Pienso en el amor, en la lealtad, el compañerismo, en la familia. Nosotros, los hermanos, dormíamos en el mismo cuarto hasta una cierta edad. Con la pista, hice un circuito con forma de elipse. Lo recuerdo hasta el día de hoy.

T: Entonces piensa en eso y sigue mis movimientos. [La terapeuta hace pocos movimientos bilaterales lentos.]

T: Bueno, Armando, quisiera decirte que ha sido maravilloso trabajar contigo, ver tu progreso, cómo has vencido tantas cosas difíciles. Quiero felicitarte por un trabajo terapéutico tan significativo y fructífero. Además, fue tan valioso que quería pedirte permiso para escribir sobre el caso.

A: Sí, sin problema. Si eso puede ayudar otras personas, lo autorizo, sí.

T: Gracias. Armando, ir a terapia es que como ir al médico. Resolvimos un montón de cosas importantes que te estaban estorbando. Ahora ya sabes cómo funciona la terapia y sabemos que respondes bien a este tratamiento. Tengo aquí tus apuntes, así que, si surge algún problema o dificultad, por favor, ven y podemos hacer algunas sesiones, ¿OK?

A: De acuerdo, y muchas gracias por todo.

Final

Aquí nos despedimos de Armando y de su historia. Algunos comentarios finales:

Desarrollé esta "escala de alta" justamente para evaluar la evolución del plan de tratamiento. Nos ayuda a ver si el paciente está listo para dejar la terapia, aunque sabemos que el cliente puede dejar la terapia en cualquier momento. Pero también es útil para que el propio paciente pueda ver su progreso. En ese caso, el propio Armando pudo expresar que estaba listo para dejar la terapia, ya que había alcanzado las metas iniciales propuestas en el plan de tratamiento.

Con objetivos claros, resulta mucho más fácil tomar una decisión con relación a la continuación o no de la terapia. También ayuda a estructurar el proceso psicoterapéutico, ya que el plan de tratamiento va guiando el desarrollo del proceso.

En este sentido, podemos demostrar cómo la terapia EMDR ofrece un nuevo paradigma de trabajo. Es una forma diferente de hacer psicoterapia, ya que utiliza los movimientos bilaterales como parte de la resolución de las dificultades de los pacientes. Por otro lado, presenta objetivos claros, un plan de tratamiento que nos guía, resultados concretos y una cientificidad innegable.

Esperamos que este estudio de caso pueda ilustrar cómo podemos organizar con claridad el desarrollo psicoterapéutico, pero que también pueda, de forma especial, demostrar cómo la terapia EMDR ayuda a alcanzar una resolución frente a las rupturas del pasado. Como consecuencia de esas reparaciones, es posible vivir un presente más funcional y proponer un futuro con más calidad de vida, con elecciones de vida más adaptativas, una vida de reconciliación con vínculos llenos de satisfacción. Es nuestro deseo para su vida también.

Sobre la TraumaClinic Brasil

La **TraumaClinic Brasil** abrió sus puertas en marzo de 2014, inicialmente como una extensión del trabajo psicoterapéutico de Esly Regina Carvalho, Ph.D. Viendo la necesidad de atender un creciente número de personas que sufren dificultades provocadas por traumas, ansiedad y depresión, se buscó una mayor esfera de servicio, al invitar a colegas entrenados por ella a componer el equipo de colaboración. Utilizando los nuevos abordajes científicos de reprocesamiento de recuerdos difíciles y traumáticos, el equipo busca atender a personas que manejan dificultades que impiden su desarrollo cotidiano.

Nuestra misión: ayudar a las personas a vencer los desafíos de la vida.

Nuestra visión: ofrecer tratamiento psicoterapéutico de alta calidad, ético y compasivo para las personas que sufren al enfrentar los desafíos de la vida.

Nuestros valores: somos regidos por los milenarios valores de integridad, honestidad, transparencia y compasión no discriminatoria hacia el próximo.

La recuperación de nuestros clientes es nuestra mayor prioridad. En un esfuerzo por ofrecer tratamiento de la más alta calidad, **TraumaClinic Brasil** busca componer su equipo de servicio con profesionales que poseen habilidades comprobadas y una historia de capacidad y competencia. Buscamos personas que trabajen con integridad, posean postura ética, terminen lo que comienzan, hacen lo que dicen y caminan la segunda milla para ayudar sus clientes.

81

Reconociendo que nuestros clientes llegan a la clínica con heridas emocionales serias y que han pasado por experiencias dolorosas, nuestros programas y abordajes de tratamiento fueron diseñados teniendo en consideración que cada persona es única y singular. Los profesionales de la **TraumaClinic** están en procura constante de perfeccionamiento y se esmeran para poder ofrecer servicios de excelencia y compasión.

Formatos de servicio: ofrecemos formatos de terapia intensiva de uno o dos días, para las personas que anhelan venir de otros lugares del país o del exterior, o que les gustaría tener una experiencia de resolución más rápida. Ofrecemos terapia en inglés, español y portugués.

Más información: +55 61 3242 5826 en Brasilia

www.traumaclinic.com.br

También se puede suscribir a nuestro canal de YouTube: TraumaClinic Brasil. Conozca más sobre la Terapia EMDR en el canal de YouTube EMDR Treinamento, donde se ofrecen sesiones completas en vídeo, incluso con subtítulos en español.

Sobre la autora

Esly Regina de Carvalho, Ph.D. es doctora en Psicología con especialización en Psicodrama y Terapia EMDR. Recibió su título de psicóloga en Brasilia en 1980, y su certificación como Supervisora de Psicodrama en 1988, por la FEBRAP (Federación Brasileña de Psicodrama). Ella terminó su masterado en Psicología en 1987, su doctorado en 2012. Fue aprobada, *con distinción,* como *Trainer, Educator and Practitioner in Psychodrama* por el American Board of Examiners in Psychodrama, Sociometry and Group Psychotherapy en los Estados Unidos.

A partir de 1996, empieza a especializarse en terapia EMDR y se volvió Entrenadora de Entrenadores por el EMDR Institute (EE. UU.) y por la asociación EMDR Iberoamérica (EMDR IBA), de la cual fue su presidente por dos gestiones (2007-2010; 2010-2013). Actualmente es Vicepresidente para Relaciones Internacionales de la Asociación Iberoamericana de PsicoTrauma (AIBAPT).

Debido a las obligaciones de su esposo, Esly mantuvo una práctica privada en el Ecuador, después en Dallas (EUA) y finalmente vuelta al Brasil, donde coordina el trabajo de la TraumaClinic. Ministra cursos de formación en Terapia EMDR, un acercamiento reconocido por la Organización Mundial de Salud como eficaz para tratar traumas; y forma otros profesionales en ese acercamiento revolucionario.

Es también autora de múltiplos libros y presentadora de renombre internacional. Esly es casada, tiene una hija casada y nietos maravillosos!

Hay más libros de la autora en Amazon.com.

Si le gustó este libro, le agradecería que dejara una evaluación en Amazon.

www.ingramcontent.com/pod-product-compliance
Lightning Source LLC
Chambersburg PA
CBHW032119280326
41933CB00009B/908

*9 781941 727690 *